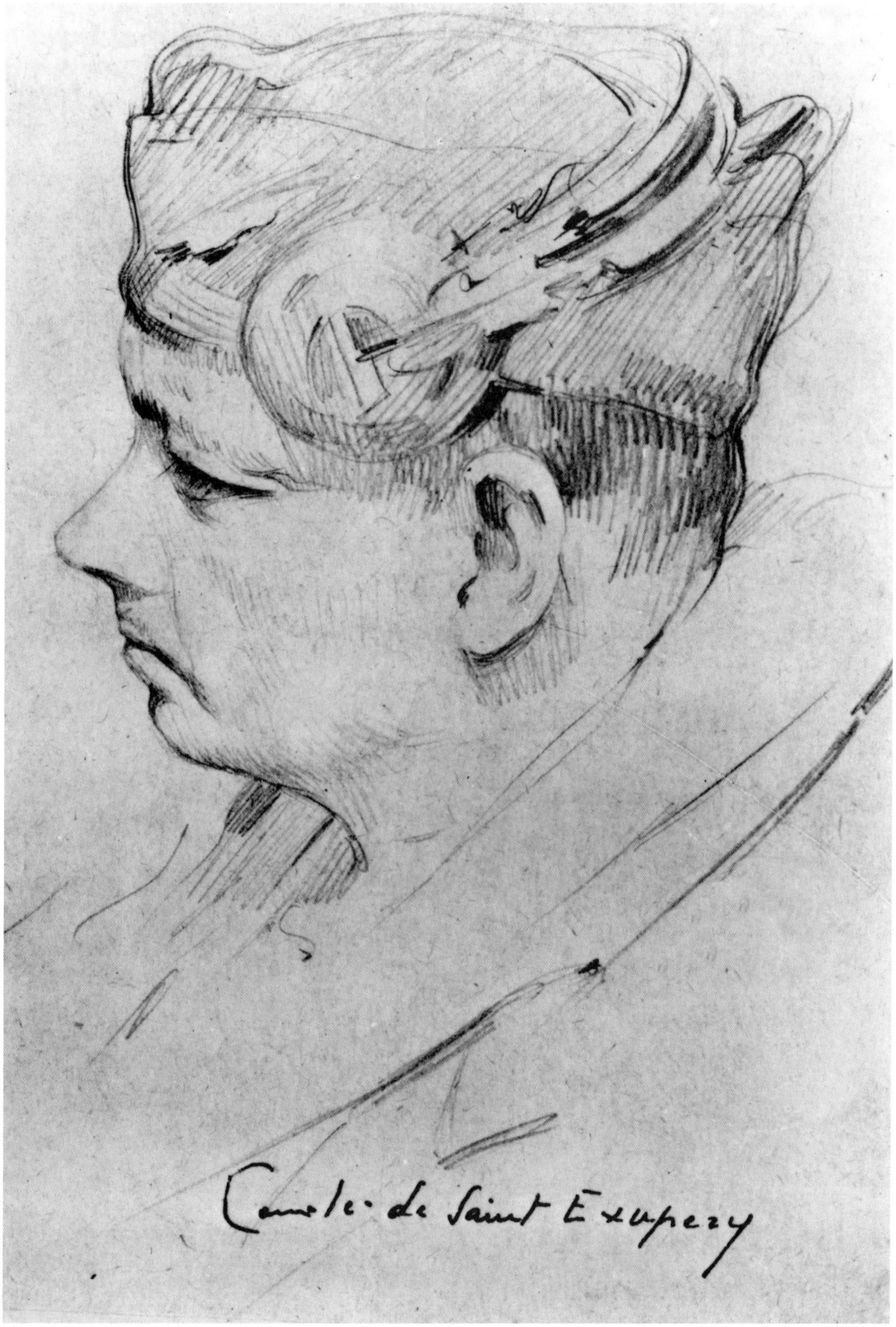

獻給安東與康綏蘿・德・聖艾修伯里

小王子的記憶寶盒

Jean-Pierre Guéno 尙皮耶．圭諾◎著　賈翊君◎譯

La mémoire du Petit Prince

Antoine de Saint-Exupéry
Le journal d'une vie

窗戶開著：冬季的天空看起來很平靜，彷彿在星星戒備的注視之下微微顫抖著。
我在我的夢與回憶中旅行。我的眼前浮現那個杳無人跡的世界最美麗也最哀傷的景色。
就是在那裡，小王子喚醒了安東·德·聖艾修伯里。

什麼也沒改變。我用孩子的雙眼又看見了在我們這備受蹂躪的星球上、
這個為一顆星星目眩神迷的小天使的形象，而他像一棵樹倒下那樣輕輕巧巧地倒下，隨即消逝無蹤。

我聽從安東的建議。我不去管那上百萬顆看起來好像嘻笑鈴鐺似的星星。
我要在他那顆獨一無二的星星下等待小王子。

一個孩子出現在我眼前。他伸展著身體，雙臂伸向天空，彷彿剛從一場長長的睡眠中醒來。
他走向我。我認出他金黃的頭髮。我認出他奇妙的細小聲音。
就是這個聲音，驚醒了躺在沙漠的沙子上睡覺的那個飛行員。
他的笑聲粉碎了我的防衛。他跟我說起安東的一生。而且因為他還是一直都不會畫畫，
他便將安東打從七歲起便不斷塞進一只大箱子裡的這堆亂七八糟的寶藏，
加以剪貼、評論並且分類——這麼做是為了我，也是為了讓各位能在這本書中看到：安東的生命軌跡。

從他著作中節錄出來的段落，敘述著他的人生歷程；除此之外，還有他收到的書信、
以及草稿、手稿、小插畫、行李託運存根、護照與作廢的支票、旅館帳單或餐廳菜單、明信片、照片……
一些他曾經如此愛戀且渴望憶起的人物、事物與時光，看得見摸得著的印記。

我無法寫信給安東，好告訴他「小王子回來了」，卻留下了這本由一個愛笑的孩子所描繪的、他的人生日誌。
而這本日誌讓各位看到：聖艾修伯里與他的小王子是一體的；如果諸位想要知道關於小王子的一切，
那就去讀《要塞》，去讀《戰鬥飛行員》，去讀所有安東·德·聖艾修伯里的作品吧。

——尚皮耶·圭諾

我找到了小王子
J'ai retrouvé le Petit Prince

這一本大書裡，有我同學亂七八糟匆匆畫下
送給我當禮物的最荒唐可笑的誇張畫像；
有地鐵票；有島嶼的描述。有時候，
一張帆船的照片會給這東西帶來羽翼，並把一切拉入夢境。

——〈我今晚去看了我的飛機〉

我喜歡掌管一堆亂七八糟的寶藏。

——給蓋碧兒的信

我在聖莫里思城堡裡有個大箱子，
打從七歲起，我便把我的五幕悲劇寫作計畫、
我收到的信件、我的照片囫圇丟進去。
全都是些我喜歡、放在心上，
而且以後想要回憶的東西。
有幾次，我把這些東西隨意攤開放在木質地板上，
趴在地上看著回想，眼前又再度浮現好多事物。
我生命中重要的東西就只有這個箱子了。

——寫給麗奈特的信

聖艾修伯里的箱子

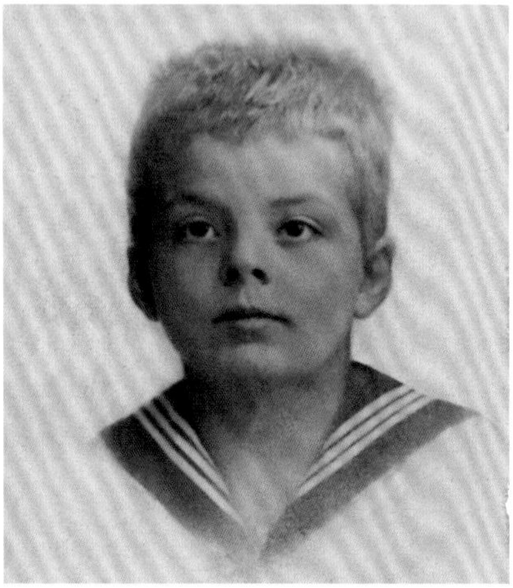

永恆的童年 —— 8
根
L'ENFANCE ÉTERNELLE
Les racines

信天翁 —— 36
聖艾修伯里與天空
L'ALBATROS
Saint-Exupéry et le ciel

流亡的代價 —— 56
聖艾修伯里與孤獨
LE PRIX DE L'EXIL
Saint-Exupéry et la solitude

用身體書寫 —— 78
聖艾修伯里與文字
ÉCRIRE AVEC SON CORPS
Saint-Exupéry et les mots

內在旅行 —— 102
聖艾修伯里與冒險
VOYAGER EN SOI-MÊME
Saint-Exupéry et l'aventure

以玫瑰之名 —— 126
聖艾修伯里與女人們
AU NOM DE LA ROSE
Saint-Exupéry et les femmes

目錄
Sommaire

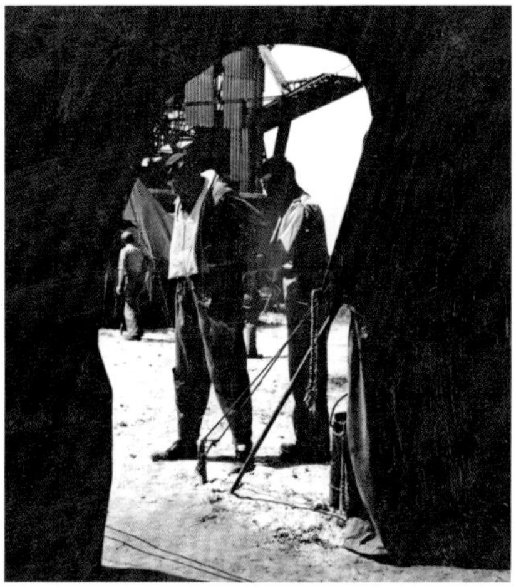

採取行動 —— 150
聖艾修伯里與戰爭
LES ACTES QUI ENGAGENT
Saint-Exupéry et la guerre

從天空墜落 —— 166
聖艾修伯里與死亡
TOMBÉ DU CIEL
Saint-Exupéry et la mort

偷渡星星的人 —— 178
聖艾修伯里的遺產
PASSEUR D'ÉTOILES
L'héritage de Saint-Exupéry

出發，經歷，然後改變！ —— 194
VA, VIS ET DEVIENS!

我萬般喜悅地把自己包裹在
這段備受保護的童年中！
——《戰鬥飛行員》

永恆的童年——根

我來自我的童年，好似來自一座星球。
你來自你的童年，好似來自一個國家。

L'ENFANCE ÉTERNELLE
Les racines

由左至右：
瑪莉瑪德蓮、
蓋碧兒、馮斯瓦、
安東、希莫妮

拉莫勒城堡

你從來沒有為我取過名字，我該為你命名嗎？
你的雙親為你取名為「安東・尚巴帝斯特・瑪力・羅傑・皮耶・德・聖艾修伯里」，
然後很快地給你取了「東尼歐」這個小名。1900年6月29日，你出生在里昂的貝伊哈街八號，
父親是尚・德・聖艾修伯里，母親是瑪莉・德・芳司哥倫布。數年之前，尚與瑪莉在你姨婆蓋碧兒・德・勒斯特朗芝（特里柯伯爵夫人）所舉辦的沙龍中相遇——那是在貝樂固爾廣場，離你誕生的那個房間不遠。
他們於1896年7月8日在聖莫里思的城堡結婚，就在畢傑（Bugey）這個你童年無比珍愛的地區。
你與你的世紀一同誕生，比綽號「小鹿」的大姊瑪莉瑪德蓮小三歲、綽號「莫諾」的二姊希莫妮小兩歲；
不過你比綽號「胖爸」的弟弟馮斯瓦早生兩年，又比綽號「娣娣」的小妹蓋碧兒早生三年……
巴黎當時正盛情大宴賓客，籌備著第四屆的萬國博覽會、首次主辦的奧運，而巴黎的地鐵也剛剛峻工。

夢幻童年
Une enfance de rêve

1896年攝於聖莫里思德雷蒙：瑪莉・德・芳司哥倫布與尚・德・聖艾修伯里的婚禮。

安東的出生證明

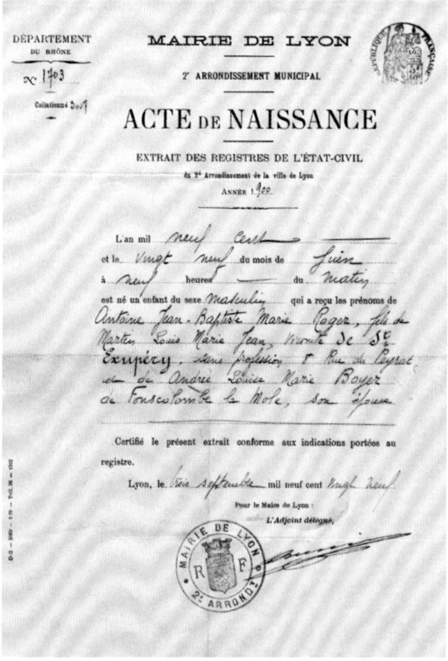

DÉPARTEMENT DU RHÔNE

N° 1703

Collationné 3007

MAIRIE DE LYON

2e ARRONDISSEMENT MUNICIPAL

ACTE DE NAISSANCE

EXTRAIT DES REGISTRES DE L'ÉTAT-CIVIL

du 2e Arrondissement de la ville de Lyon

Année 1900

L'an mil neuf cent
et le vingt neuf du mois de Juin
à neuf heures du matin
est né un enfant du sexe masculin qui a reçu les prénoms de
Antoine Jean-Baptiste Marie Roger, fils de
Martin Louis Marie Jean, Vicomte de St Exupéry, sans profession, 8 Rue du Peyrat
et de Andrée Louise Marie Boyer de Fonscolombe le Mole, son épouse

Certifié le présent extrait conforme aux indications portées au registre.

Lyon, le trois septembre mil neuf cent vingt neuf

Pour le Maire de Lyon :

L'Adjoint délégué,

安東的父親：尚・德・聖艾修伯里

瑪莉・德・聖艾修伯里

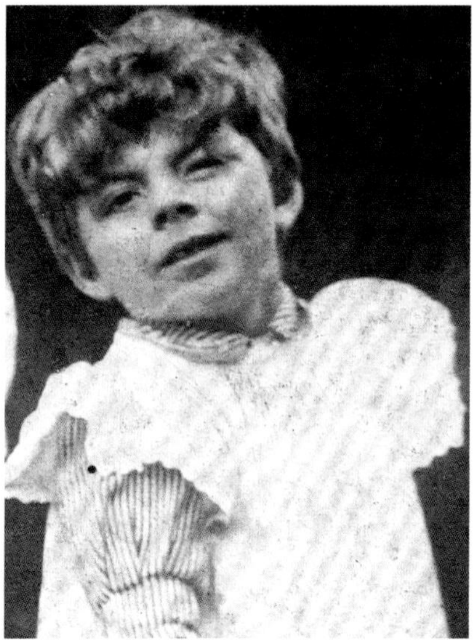

蓋碧兒・德・勒斯特朗芝

溫柔的補給

某處有一座種滿了
黑杉樹與椴樹的庭園，
還有一棟我甚喜愛的老房子（…）
只要它存在，
其存在便足以填滿我的夜晚。

——《人類的大地》

一棟房子的神奇之處不在於
為您遮風避雨或是讓您取暖，
也不在於人可以擁有它的四壁，
而是因為房子緩緩地在我們身上
留存下了這些溫柔的補給。
因為它在內心深處
造出這座隱密的山脈，
夢想便如泉水般從中而生……

——《人類的大地》

安東與阿姨瑪德蓮，1906年攝於拉莫勒。

尚・德・聖艾修伯里

直接面對的死亡

拉弗火車站的意外

週一早晨，芳司哥倫布大人的女婿在與年輕的夫人出發旅行之際，因腦中風突然在拉弗火車站病倒。候車室中馬上有人對他施以最為盡心竭力的照料，匆匆請來的醫生也幾乎是立刻趕到現場，可惜卻徒勞一場，就在接受了神父的祝福與臨終聖事之後，可憐的病患隨即便在傷心妻子的懷抱中咽氣。遺體隨後送往拉莫勒，並在該地舉行葬禮。

這場意外讓當時從聖托貝、伊葉爾、聖拉斐爾與柯果朗等不同方向抵達拉弗火車站的旅客感到甚為激動。殘酷的死神是多麼猝不及防啊！對於因這起死亡意外而陷入悲慟的死者家屬，我們在此致上莊重的哀悼之意。

《海濱十字報》，1904年3月20日

拉弗火車站——聖托貝與柯果朗的交岔點

在你四歲的時候、1904年3月14日這天，你失去了父親——他在拉弗火車站內突然腦中風。

父親的猝逝拉近了你與母親的關係，她當時二十八歲，正懷著你的小妹娣娣。你們因而被迫流連於貝樂固爾廣場三號、位於普羅旺斯外公家的拉莫勒城堡，以及姨婆位於安省（Ain）的夏季別墅聖莫里思德雷蒙城堡三地之間。

你的母親每天晚上讀安徒生童話給你聽，以哄你入睡：〈賣火柴的小女孩〉、〈牧羊女與掃煙囪少年〉、〈醜小鴨〉、〈豌豆公主〉、〈白雪皇后〉、〈國王的新衣〉……這些故事令你著迷。

這些童話不是普通的童話，而是沒有歡喜結局的短篇小說，表現出人類境遇所有的悲劇層面。

拉弗火車站的意外

Accident en gare de La Foux

安東（右二）在勒芒的表親邱吉爾家中，攝於1910年。

1905年：聖艾修伯里家的孩子。
你與弟弟還有三個姊妹一起照相。你們全打扮成小小水手的模樣，
有同一種家族的神貌——那雙彷彿要吞下世界的眼睛。
你那翹翹的小鼻子遺傳自媽媽，同學還因此為你取了「月亮彎刀」的綽號。

家族照片
Portraits de famille

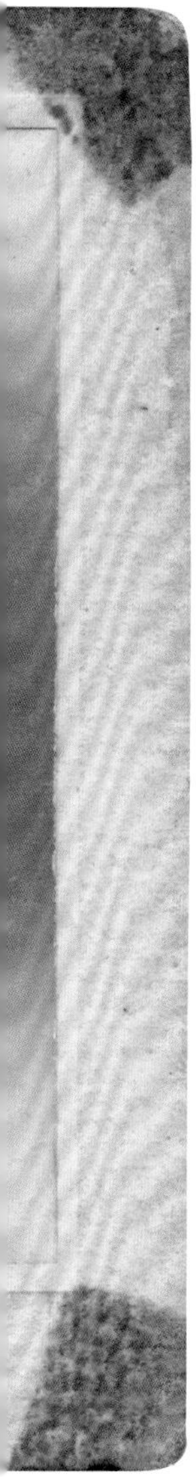

希莫妮・德・聖艾修伯里所描述的家族畫像

由右至左：

小鹿——這個臉頰圓嘟嘟、一頭泛藍黑色鬈髮的小女孩，就是瑪莉瑪德蓮，
外號叫寶寶，又稱作小鹿。她喜歡安靜、激發思考的遊戲，玩遊戲的時候看起來就像在上課。
她會俯身在三百片的拼圖上與之奮戰。她收集了好幾冊明信片，全都是花朵或風景明信片。
她還策畫著到陌生國家旅行，卻沒有料到自己太早便走上了那場一去不復返的壯遊。
每天晚上睡覺前，她會望著閃爍的星星，並且詢問這些星星的名字。

希莫妮不把任何事當真。她的快活是無窮無盡的，
一切都是歡樂、嬉笑、嶄新冒險的藉口，人生的每個早晨都是一種重新開始的讚歎。
儘管有德國女家教，儘管有地理結構、羅馬歷史要學，儘管被罰不准吃甜點，
還是激起她異想天開的幽默感、她獨立的個性，還有最好坦承的一點：她的魯莽放肆。

東尼歐——安東，小名東尼歐，是個很棒的孩子。他那頭鬈曲的金髮為他的臉龐形成耀眼的光環。
我們叫他「太陽王」。他有大大的黑眼睛、長長的睫毛、線條分明的漂亮嘴巴、特別豐滿的額頭。
他短短的鼻子鼻尖微微翹起，讓他後來在就讀孟格雷中學的時候被他的同學巴榮稱為「月亮彎刀」
——這同學後來成為耶穌會教士。這隻結構牢靠的鼻子線條直順地緊貼在臉上。
他的想法與感受何嘗不是透過這對大大張開的鼻孔匯集而至的呢。

馮斯瓦比安東小兩歲。外貌上他是所有孩子中長得最好看的。
他的眼睛漂亮極了，睫毛長長的，波浪黑髮如小鹿那樣，還有粉嫩柔滑的漂亮臉頰。
聰明又機伶，個性沉穩又胖嘟嘟的，所以大家叫他「胖爸」。他的德國女家教都為他的長相深深著迷。

娣娣——蓋碧兒，又稱「娣娣」，是個粉嫩的金髮小姑娘，有一頭鬈髮、酒窩與燦爛的微笑。
圓滾滾的線條，輕飄飄的鬈髮，容光煥發的微笑後面藏著一種主宰一切的權威，
一股不可動搖的意志，簡單地說，就是「個性」吧。一旦下了決心，
她便不畏阻難徹底實行。她有條理、有方法，思緒清晰。
正因如此，她會因為不能忍受自己的自由或是渴望受到羈絆而哭泣。

——**〈遊樂園中的五個孩子〉**

我們五個兄弟姊妹總是把
「自己發明屬於我們自己的遊戲」
這一點看得極為重要。
這件事回憶起來最令我激動，
切切實實在我身上留下了
一種教化的痕跡，永遠無法毀滅，
也讓我得以度過一段
屬於十八世紀的生活。
在這段期間，日子過得
是如此溫甜，再也不會復返，
而這段日子也讓我得以
與永遠失落的世界產生一種聯繫，
因為這個世界僅將我們
塑造成一種原料。

——**〈我今晚去看了我的飛機〉**

1907年，度假照片——在庭院中與林子裡寬闊的步道上，在遊戲、猜謎、或多或少即興演出的短劇、散步與戲水中度過的午後時光。你和小鹿與莫諾一起寫下一份小小的日記；你和娣娣一起素描、繪畫；你和小鹿跟從同一位老師學習拉小提琴；娣娣學著你母親彈奏鋼琴。大家一起唱歌。
你出發去散步的時候，在聖莫里思附近每一條橫越安省的步道上，凝視著從高處俯瞰大地的不可思議景觀。

假期的幸福
Le bonheur des vacances

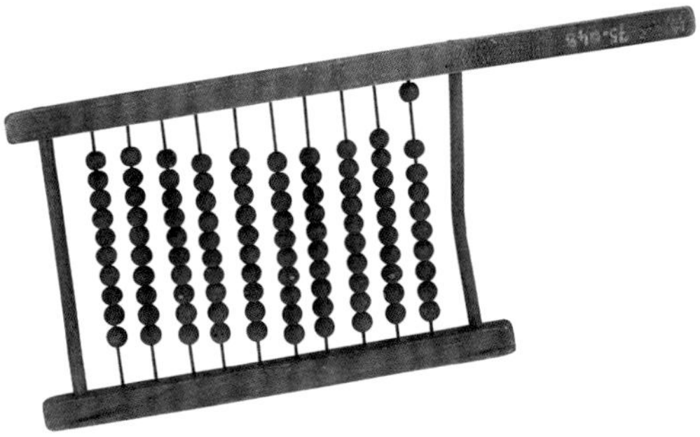

馮斯瓦、瑪莉與安東，攝於1905年。

童年回憶
Souvenirs d’enfance

童年的滋味

我體會著品嘗這種陽光的愜意，彷彿是在品味著那股孩童時期譜架、粉筆與黑板的氣味。
我萬般喜悅地把自己包裹在這段備受保護的童年中！

——《戰鬥飛行員》

我們品嘗著涼意、氣味與濕度，這些感覺讓我們的軀體煥然一新。
我們迷失在世界的邊陲，因為我們已經知曉：旅行首先就是換掉軀體。

——《戰鬥飛行員》

我們的屋子

晚餐時間，我們會再度回到屋子裡，就像那些採珍珠的印度潛水夫那樣，負載著沉重的祕密。
在太陽傾覆的那一刻，桌布染上粉紅色之際，我們會聽見令我們難過的那句話：
「白晝變長了……」我們感到自己再度被這句老掉牙的說詞所擄獲，
被這個由季節、假期、婚禮與葬禮所造就的生活給抓住。所有這些表象的無用躁動。
脫逃，這才是重要的事。十歲的時候，我們在屋脊下的閣樓找到了藏身之處。
死鳥的屍體，開腸破肚的舊箱子，奇特的衣服：有點像是生活的幕後。
而這個我們所謂隱藏的寶藏，這種老宅的寶藏，在神話故事中分毫不差地形容為：
藍寶石、蛋白石、鑽石。微微發光的寶藏。這寶藏正是每一面牆、每一座梁存在的理由。
這些碩大的屋梁為屋子抵禦著天曉得什麼東西。抵禦著時光吧。
因為在我們家，時光是個強敵。我們基於傳統，抵禦著時光，禮拜著過往。碩大的屋梁。
不過，只有我們認得這間像艘船艦般啟航的屋子。
只有造訪過船艙、船塢的我們，知曉它從何處下水。
我們知道鳥兒是從屋頂的哪些洞溜進來等死。

——《南方郵件》

Edition J. David. - E. Vallois, suc^r, 99, rue de Rennes, Paris
Reproduction interdite
Seconde Division

勒芒的聖十字聖母學院，一九一〇～一九一一學年。（安東是最後一排左邊數過來第五位）

1909年的秋季——你與家人居住在勒芒。
你和弟弟成了這間耶穌會聖母初中的半寄膳生。
你是個聰明的學生，成績卻時好時壞，因為你異想天開、漫不經心，
而且那麼地愛作夢。

聖十字聖母學院
Notre-Dame-de-Sainte-Croix

母親的保護

您是我難過時唯一的慰藉。
您還記得嗎？
住在勒芒的時候，
我還只是個孩子，
背著大大的書包。
受到處罰而哭著回家時，
只要您親親我，便讓我什麼都忘了。
對抗督學與學監神父時，
您是我堅強的依靠。
在您的屋子裡讓人感到很安心，
只要待在您的屋子裡就很安全。
只要做您的孩子就夠了，真好。

——1922年安東
寫給瑪莉的信

我給自己做了一枝自來水筆

1910年7月11日於勒芒

我親愛的媽媽：

我自己做了一枝自來水筆，正用它寫信給您。筆非常順手。明天是我的主保聖人聖名瞻禮日。艾曼紐舅舅說過他會送我一只手表當禮物，所以可不可以請您寫信告訴他明天就是我的主保聖人瞻禮日？星期四要到橡樹聖母院朝聖，我會跟學校一起去。最近天氣很糟。總是在下雨。我用大家送我的禮物幫自己搭了一個非常漂亮的祭壇。再會！

安東（原稿抄錄）

喬裝遊戲；1912年攝於聖莫里思。

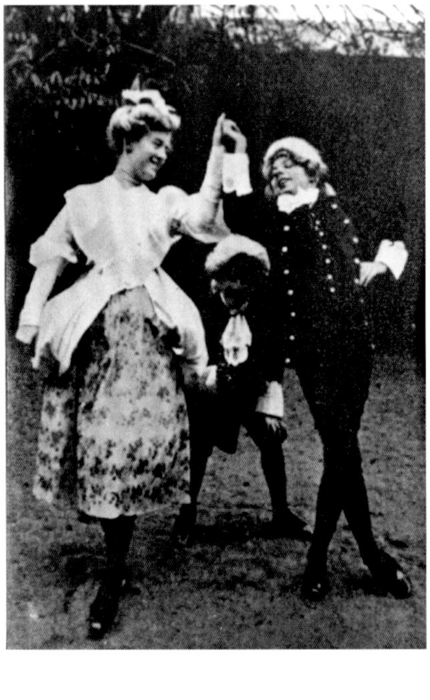

你最早的信件、你寫的第一個故事。
從那些拼錯的字才看得出這些東西源自於你的童年。
不變的則是那些字裡行間的小小插圖，在往後仍為你的作品添色。

成長中的作家
Écrivain en herbe

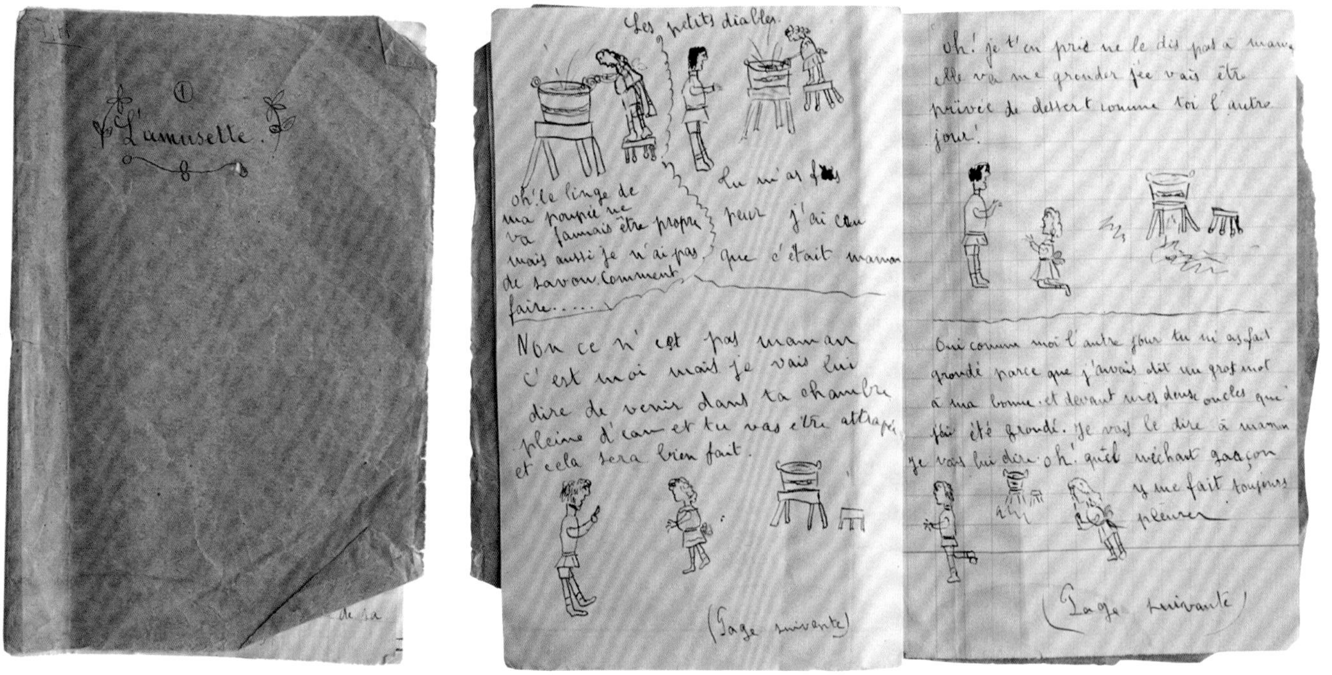

「小玩意兒」：聖艾修伯里家的孩子共同編撰的刊物。

1915年，安東的作文。

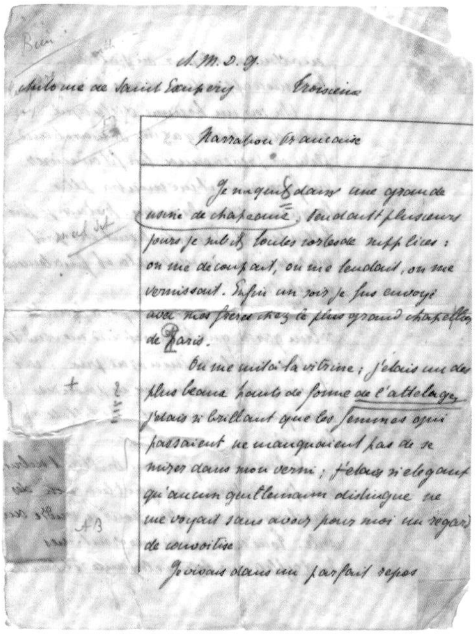

Bien

A.M.D.G.

Antoine de Saint Exupéry Troisième

Narration française

Je naquis dans une grande usine de chapellerie, pendant plusieurs jours je subis toutes sortes de supplices: on me découpait, on me tendait, on me vernissait. Enfin un soir je fus envoyé avec mes frères chez le plus grand chapelier de Paris.

On me mit à la vitrine; j'étais un des plus beaux hauts de forme de l'étalage, j'étais si brillant que les femmes qui passaient ne manquaient pas de se mirer dans mon verni; j'étais si élégant qu'aucun gentleman distingué ne me voyait sans avoir pour moi un regard de convoitise.

Je vivais dans un parfait repos

一頂高筒大禮帽的冒險之旅

我生在一間巨大的帽子工廠。好幾天以來，
我忍受著各式各樣的酷刑：
他們切割我，拉扯我，給我塗上亮光漆。
終於，在某天傍晚，
我與我的兄弟們一起被送到巴黎最大的一家帽子店。
他們把我放在櫥窗裡；
我是陳列出來的最美麗高筒大禮帽之一。
我是如此閃亮，路過的女士都免不了
要在我打了光的皮面上照照鏡子；
我是那般優雅，所有看到我的高貴紳士
無一不用垂涎的眼神望著我。
我在全然的安寧中度日，
等待著我現身於世界舞臺的那一天。

——1914年，少年時期的作文

在昂貝略擔任志願護士的
瑪莉・德・聖艾修伯里

海報：為國旗而戰

1914年8月1日——大戰爆發了。下午四點鐘，法國的鐘樓都敲響了警鐘。這場戰爭一開始是場移動戰，蹂躪了洛林地區。最初的幾週是一場駭人的殺戮：在1914年8月20日這週就有超過十五萬名法國士兵陣亡。

1914年9月——你的母親瑪莉成為護士。她在昂貝略車站成立了醫療救護站，親自管理，以照顧前線歸來的傷兵。你的家人設法保護家裡的孩子，把你和弟弟馮斯瓦送去松河維勒富朗地區隸屬於耶穌會的蒙贖聖母學院。

1915年11月——你與弟弟馮斯瓦就讀瑞士福理堡的聖若望莊園學院，接受主母會修士的照顧。這所學校與巴黎的名校史坦尼斯拉斯學院是姊妹校。你在這裡交到好多很好的朋友：夏勒斯・薩勒、馬克・薩布隆、路易・德・彭納維……在某些照片中，你穿戴著蒂羅爾人的服飾和帽子。你接觸了巴爾札克、波特萊爾、杜思妥也夫斯基等人的傑作；你寫詩，還寫了一部輕歌劇的劇本；儘管你在體育、哲學、音樂與劍術上表現優異，成績卻是班上吊車尾的。

1917年7月——你剛滿十七歲，並且剛剛通過高中會考……若不是因為戰爭，這個夏天會過得很恬靜。然而你的人生就要天旋地轉：你弟弟馮斯瓦在去迪逢勒班的校外旅行中著了涼。他病了，於是你母親把他帶回聖莫里思，以為到了夏天他就痊癒……他於1917年7月10日在你懷裡過世。

世界大戰與聖若望莊園學院

La Grande Guerre et la Villa Saint-Jean

安東，1917年攝於福理堡聖若望莊園學院。

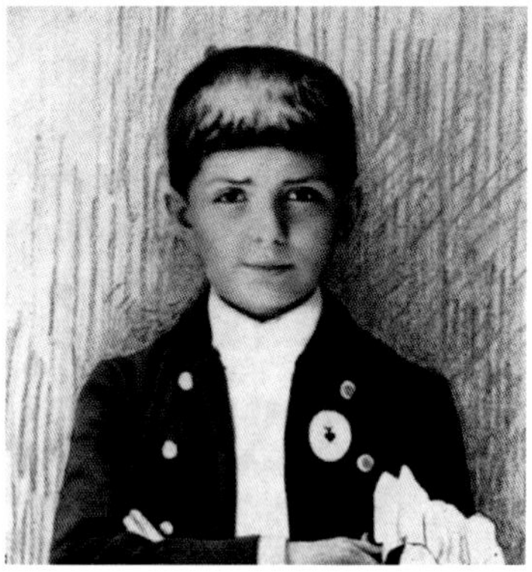

弟弟馮斯瓦．德．聖艾修伯里

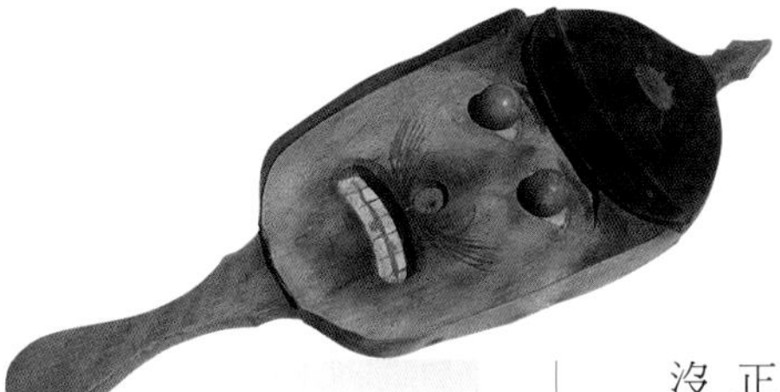

德國佬的嘴臉。1914年，少年時期的作文。

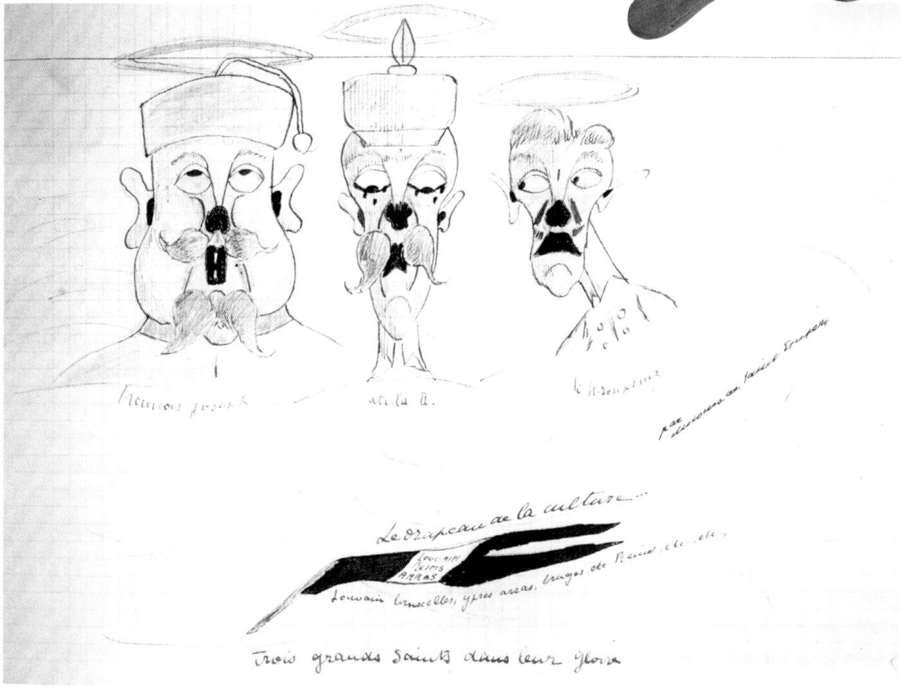

1914年，少年時期的作文

幾張德國佬的輪廓特徵

可惜我不能在讀者面前呈現他們的本尊。不過，這麼做不切實際，
只消看看巴黎往柏林的火車上那些傢伙的嘴臉就夠了。
此刻從法蘭西首都前往德國佬的首都只要花上八、九個月：
這點證明我軍向前挺進的迅速，軍隊幾乎只靠鐵路移動。
正如大家都曉得克魯伯先生是個天才發明家，
沒有人為這項迅速又實用的嶄新辨識方式感到驚訝……

安東

斷垣殘瓦，1918年3月11日；攝於杜那街、梅季業街、大軍大道。

1917年10月——你到了服兵役的年齡，家人開始擔心最糟的狀況。
戰爭已經奪去了你的叔叔羅傑（亦是你的教父），他在1914年大戰開始之初便陣亡了，留下了七個孤兒。
你每天都有可能受徵召進入步兵團。你的家人決定先走一步，送你去巴黎，逼你加入法國海軍。
你在巴黎不認識任何人。就這樣，你進入位於聖米歇大道上的聖路易中學，成為海軍學校預備班的學生，
準備海軍官校的入學考試。校規變得比較鬆散：理論上你們全都即將入伍服役；你們覺得自己在服緩刑。
你經常擅自離校。戰爭打得正熱。德國的飛機、齊柏林飛船與大貝塔巨砲轟炸著巴黎。
你和其他海軍學校預備班學生一樣，很快就被疏散到索城的拉卡納中學。

轟炸過後的巴黎
Paris sous les bombes

巴黎上空的空戰

我們聆聽著砲火在四處轟隆作響：一種很吵的聲響！不曾間斷，毫無喘息。
「砰、砰—砰、砰砰砰……砰……砰砰。」「有飛機……在哪裡……那裡！」我看了看：
三顆壯觀的星星，明亮非凡，在我們頭頂上。「還有那裡！喏，快看看這些飛機。
你瞧！它們亮著紅燈，是法國的戰鬥機，從布爾哲營區來的！
怎麼不呢，要是它們再回來！天啊……」砰——我們的話還沒說完，
就亮起一道強烈的閃光，隨即響起嚇人的爆炸聲。「這……老兄，是顆炸彈……廢話！」
我們閉上嘴觀看。隆隆砲火變得更大聲了，突然間，火箭從四面八方衝上天，
有些火箭一到高空便熄滅了，有些則像皇冠般擴散開來，
碎裂成千個星星。真是夢幻的光景！
「你聽到了嗎……對，他們朝我們飛來了！……是德國佬，他們沒有亮著紅燈……
沒錯……戰鬥機跟著他們……喔，看啊！」一顆碩大的星星方點燃，然後是兩顆，
然後是三顆，直到七顆彼此相近的星星形成一個巨大的幾何圖形。
「德國佬點亮了探照燈……」一顆火箭衝上天，七顆星星同時熄滅。
「他們被發現了……他們看起來不為所動啊……」砰！砰！砰！「喔！」
整個學校都在顫抖，我們看見了強烈的閃光，一道在右邊，一道在左邊。
「巴黎亂哄哄的，一定有人喪命！……對喔！」砰！砰！「還有那裡！看啊，失火了！」
天空被一片鮮豔的紅光所照亮，看起來彷彿有人把顏色塗在天空上一樣，
距離應該相當遠。突然間，這片紅色的微光像扇子般展開，擴散到天空上，填滿了天空，
把天空變成了一片血紅色，光芒四射，這一切都在十秒鐘之內發生又消失無蹤，
然後只剩下先前的那道微光。「一定有什麼爆炸了……對啊，爆炸的會是什麼呢……
喔，老兄，真是一片混亂啊，到處都在爆炸，他們瞄準得可好了，那些笨蛋……」
我們追蹤著天空中的激戰。就在此時，那些傢伙也過來了。
「好極了，這裡看得很清楚！……我相信你。」五個，六個，十個，十五個人來了。
「我們人這麼多會被發現的……有可能……我們人太多了，他們不可能把我們趕出去。」
然後我們又閉上嘴繼續看下去。依舊是火箭衝天，大砲轟隆作響，飛機滿天飛。
不時出現閃光或爆炸。我們也清楚看到砲彈在空中炸開。
「瞧，那是什麼……那個……落下來了。一架著火的飛機！」
看起來有如墜落的巨大火把。「那是一架法國飛機，它有亮紅燈，噢！那些笨蛋！」

安東

1918年2月寫給路易・德・彭納維的信

哥達式轟炸機
Les Gothas

德國士兵展示不同尺寸的炸彈

報紙上講的全是些笑話，那麼多人喪命，真是太悽慘了。某棟六層樓的房子被射穿炸毀（坍塌）了，光是這棟房子裡就有四十個人喪命。到處都有人送命，今晚也是。

就在剛才，一顆未爆彈在聖拉薩爾火車站附近的雅典娜街爆炸了，死了好多人。東站附近的聯合商店被徹底摧毀了。一座油庫讓高等礦業學校對面的聖米歇大道燒成火海，三顆炸彈落在同一個地方，不知有多少人喪生。醫學院那邊也一樣。不只是賽枚尼勒街，貝樂維勒以及郊區都有人死傷……你想像不到的……（我們探聽得挺清楚，因為今天是星期四，我們出去看過了。）不過，這些情況見諸報紙的不到百分之一。好幾架法國飛機遭哥達戰機擊落，而報紙上卻只提到降落在協和廣場上的那一架。（飛行公報上只寫了「我方的損失稍晚方能確定」，以免動搖士氣。不過虛掩事實也改變不了什麼。）從飛機上還撒下了好多紙條，上面寫著「明晚見」和「待會兒見」。要是他們今晚再來，我會試著爬上屋頂，在屋頂上應該看得最清楚。現在暫且先說再見。寫信給我。

安東

——**1918年2月寫給路易．德．彭納維的信**

哥達戰機剛剛又回來了。這是什麼地方啊！沒辦法睡覺！他們這次製造了一場可怕的混亂，比前天還要嚴重十倍。再這樣下去，居民都要逃難了。傷亡者為數眾多，大量建築物坍塌。從聖路易中學附近到盧森堡公園有多處損毀（我們周圍被炸彈炸了一圈）。

重點是：我還活著。

聖日爾曼大道上被投下七顆炸彈，其中有三顆落在聖多明尼克街的戰備部，在嬸嬸家對面。

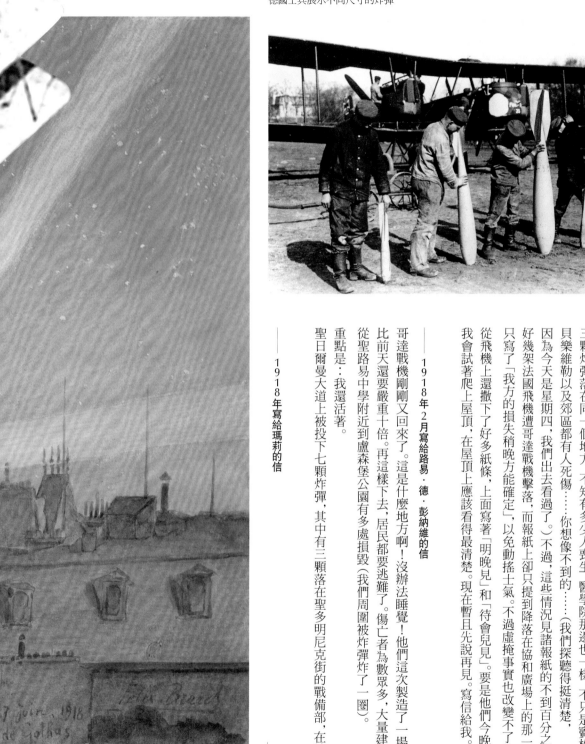

安東

——**1918年寫給瑪莉的信**

安東與蘇篤神父，攝於博舒埃學校。

1918年11月——戰爭就在你將要被動員之際結束了。
於是你在這場「大戰」、這場大冒險中，並沒有扮演任何角色。你與同學一起組織了糾察隊。

1919年1月——你在就讀聖路易中學第三年預備科的同時，成為博舒埃學校的寄宿生——
你的母親認為這裡的管教比較嚴格。你在這兒認識了蘇篤神父。
你極為敬重這位神職人員，可是該如何解釋仁慈的上帝竟從你身邊奪走了你弟弟馮斯瓦？

你的表姊依芳・德・勒斯特朗芝對你寵愛有加，讓你加入她的沙龍。
她介紹你認識了以伽里瑪出版社與NRF（法國文學期刊）為中心的文壇人士。
拜她的朋友所賜，索辛家族與維摩韓家族接納了你。這兩個大家族滿是「漂亮寶貝」——
花樣年華的年輕女孩，她們助你排憂解悶，卻也讓你對聖莫里思生起一股鄉愁。
蕾內、露易絲……城裡的晚餐，觀賞表演以及散步之約，無疑的，你將沒有足夠的時間準備考試科目。

1919年6月——你二度搞砸了海軍學校入學考的口試，接著又考壞了中央理工學院的筆試。
你浪費了生命中的三年光陰，抑或是你企圖延長你的童年？你用功地度過在貝藏松的假期，在那裡學習德文。

1919年10月——你註冊成為美術學校建築科的旁聽生。你住在塞納街六十號的路易西安那旅社，房間非常儉樸。
你等待著兵役屆滿，日子過得有點艱難；你泡咖啡館尋求文思靈感，混夜總會找人作伴。

中學生
L'étudiant collégien

依芳．德．勒斯特朗芝

家族音樂會

我在上舞蹈課

巴黎，1919年春季

親愛的莫諾：

謝謝你一個月還是兩個月前寫的信，
我急著回信給你。

對，我要考中央理工學院。
要我準備好這個考試是不可能的，
因為我從來沒畫過機械圖、
建築設計圖、施工圖，
又不懂化學（化學的課程相當重）。
我也不能去考海軍學校，
因為我沒準備該校的學科。
總之要聽天由命啊。

星期四我跟依芳．德．特列維斯
散步散了三十公里，
她是我所認識的最有魅力的人了，
風格獨特、纖細、聰明，各方面都很優秀，
除此之外還親切得不得了。
我們一起出遊了好多次，
也許她以後週五晚上會帶我進入她的包廂……
讓我能喘口氣，不用算數學……

我在裘丹那邊上舞蹈課。在那兒出入的
都是出身良好的有錢新教徒（基督徒），有很好的人脈，
可是我卻沒看到一個漂亮女孩。我發現除了頗為枯燥的波士頓舞之外，
所有的現代舞都很可怕……也許只有探戈比較不糟，
恐怕也未必！看起來像是兩張凳子一起跳舞，
實在不怎麼優美——這話可別跟人說！

等我成了工程師或作家，等我賺很多錢、有三輛汽車之後，
我們一起開車去康士坦丁堡旅行吧，一定很棒。
懷著美妙的希望，我就寫到這裡，你要寫信給我。

你的弟弟安東

1919年寫給瑪莉瑪德蓮的信

我很清楚：先是有童年、學校、同學，
然後我們忍受考試的日子便來臨了。
我們在考試中得到某種文憑。
我們在考試中，心情緊張地通過某道門廊，
在門的另一邊，我們一瞬間成為大人。
然而在陸地上，步伐比較沉重。我們已經走上了人生的路。
人生路的前幾步。我們於是對著真正的對手操練我們的武器。
尺、三角板、圓規，我們將使用它們來建立世界，或著去戰勝敵人。
遊戲結束了。我知道，照常理說，中學生應當不懼怕面對人生。
中學生只會迫不及待地跺著腳渴望邁步向前。
成人生活中的磨難、危險或苦澀不會讓中學生膽怯。
然而我就是個奇怪的中學生。
我是一個知道自己身在福中的中學生，不怎麼急著去面對人生。

——《戰鬥飛行員》

我是一個知道自己
身在福中的中學生，
不怎麼急著去面對人生。

安東與母親瑪莉在院子裡打獵

詩人好似烏雲王子
糾纏著暴風雨並且嘲笑著弓箭手；
被流放到地面，置身於獵物的驚呼中，
其巨大的翅膀讓他寸步難行。

——波特萊爾

信天翁——聖艾修伯里與天空

你一直想要飛翔，
逃離重量的限制，
逃離你龐大的肉身

L'ALBATROS
Saint-Exupéry et le ciel

被飛機親自餵養的我，
對飛機懷抱著
某種孺慕之情。
某種奶娃娃
對乳母的柔情。

——《夜間飛行》

1912年7月——

你剛滿十二歲，在聖莫里思度假。
在距離城堡六公里的昂貝略昂畢傑機場初次體驗飛行，
乘坐一架「貝托－佛布勒斯基」飛機，
由設計者的弟弟駕駛。
為了飛行，你撒了謊。
你讓飛行員蓋伯瑞爾．佛布勒斯基相信
你母親同意你這麼做。
她是該擔心。就在1914年3月，
佛布勒斯基家的彼得與蓋伯瑞爾兄弟倆
於駕駛類似機型的飛機時喪生。

初次飛行所乘坐的「貝托－佛布勒斯基」飛機

昂貝略昂畢傑：生平頭一遭

Ambérieu-en-Bugey : la première fois

每一位居民擁有頭上一萬呎的純淨天空，
一片延展直到捲雲的天空。

——《南方郵件》

機翼在晚風吹撫下顫抖著，
引擎用歌聲哄慰著沉睡的靈魂，
陽光用蒼白的色調輕輕撫過我們。

——幼時寫給法文老師馬爾果達司鐸的詩句片段

安東與他同營的伙伴，攝於1921年。

1921年4月9日——緩徵結束了！要服兩年的兵役！
你被分派到史特拉斯堡的空軍第二團。
不過，你是地勤人員，你只能以乘客的身分飛行！

兵役：地勤人員
Service militaire: le rampant

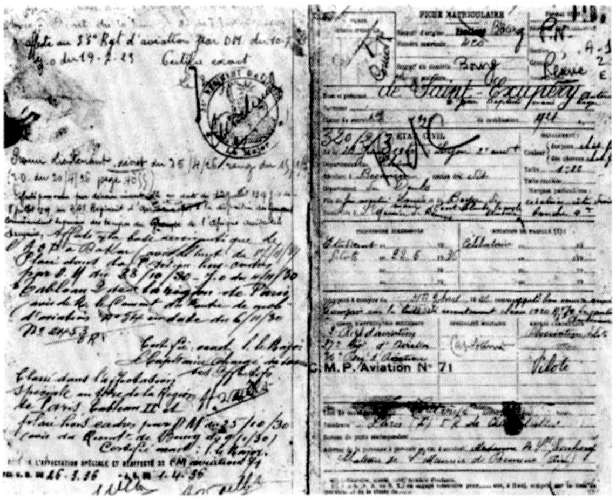

安東的軍籍資料

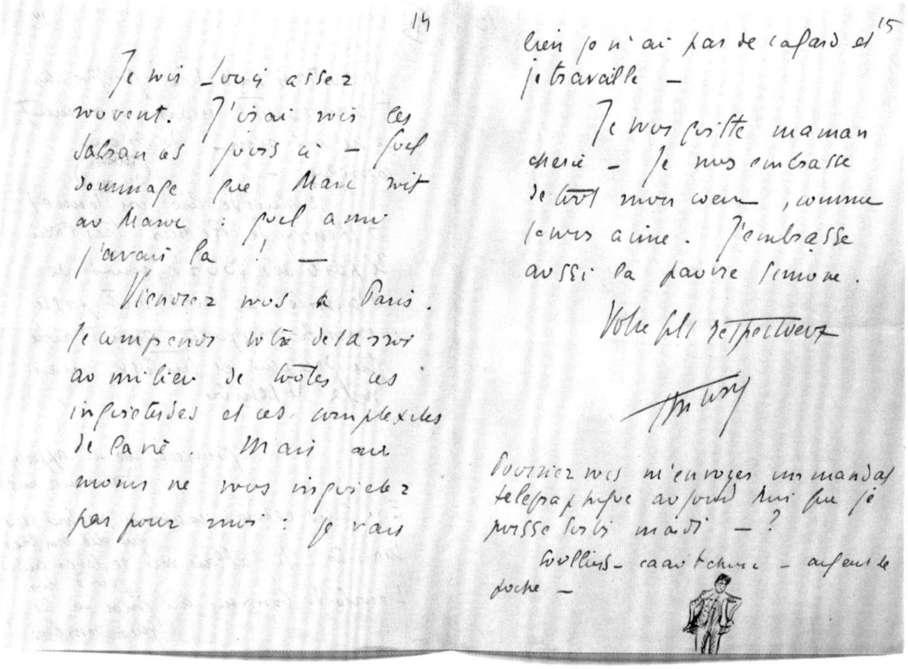

14

Je vous écris assez
souvent. J'ai vu les
Sabran ... puis ici — quel
dommage que Marie soit
au Mans : quel ami
j'avais là ! —
Viendrez vous à Paris.
Je comprends votre désarroi
au milieu de toutes ces
inquiétudes et ces complexités
de Paris. Mais au
moins ne vous inquiétez
pas pour moi : je vais

15

bien je n'ai pas de cafard et
je travaille —
Je vous quitte maman
chérie — je vous embrasse
de tout mon cœur, comme
je vous aime. J'embrasse
aussi la pauvre Simone.
Votre fils respectueux
Antoine

Pourriez vous m'envoyer un mandat
télégraphique aujourd'hui que je
puisse sortir mardi — ?
Wollies – caoutchouc – ... la
poche —

我無事可幹

我親愛的媽媽：

史特拉斯堡是個美妙的城市。我在這裡找到很棒的房間，位於史特拉斯堡最繁華街上的房子裡。這些好傢伙一句法語也不會說。房間很豪華，有中央暖氣設備、熱水、兩盞電燈、兩個櫥櫃、一座在建築物內的電梯，月租是一百二十法郎。

我已經見過了德．費里岡德指揮官，他是個很妙的人。他負責安排讓我擔任飛行員。這件事很難搞，因為有重重限制。總之，在兩個月之內，什麼也不會發生……

我對軍人這個職業的看法是：這裡頭徹頭徹尾無事可幹——至少在空軍是如此。學會敬禮、踢足球，然後煩上一連好幾小時沒事做，手光是插在口袋裡，嘴上叼的菸都熄了。

同學倒是不惹人厭。不過我的口袋裡裝滿了書，要是我太無聊，這些書至少讓我打發時間。飛行的機會趕快到來吧，屆時我便會高興到極點。

我不知道我們什麼時候要穿上制服，還沒發軍服給我們。我們穿著便服到處跑，樣子看起來很呆。從現在起，有兩個鐘頭沒事幹。不過，兩個鐘頭之後也一樣沒事幹，就算有事，也不過就是把甲地的人調動到乙地、並把乙地的人調動到甲地，然後反過來再對調一次，這樣一來又能再度回復到原本的狀態。

再見了，親愛的媽媽。總之我還算挺滿意的。我愛您，向您獻上我的擁抱。

您的兒子安東敬上

——1921年，寫給瑪莉的信

不知所措

我走下斯巴德艾柏蒙
戰鬥機，徹底暈頭轉向。
空間感、距離感、方向感
全在那上頭徹底瓦解。
想要尋找地面時，
我時而朝下方看，
時而向上看，有時又向右向左看。
我以為自己在很高的地方，卻又猛然打著圈圈
垂直朝地面翻落。我覺得自己處於低勢，
卻又在兩分鐘內被五百馬力吸入上千呎的空中。
飛機跳動，搖擺，滾動……喔！我的天啊！
斯巴德單座戰鬥機，小巧纖細，擦得雪亮……
昂立歐型飛機是大腹便便的火流星，
而斯巴德艾柏蒙戰鬥機則是當前的機王，
在此機旁邊，別種飛機都相形失色，
此種飛機的樣子看起來很凶惡，
從側面看去機翼很像皺起的眉毛……
您不能想像斯巴德艾柏蒙戰鬥機的樣子
看起來有多壞，多凶殘，是一種很嚇人的飛機。
我熱切渴望駕駛的就是這種飛機。它在空中
就像一隻鯊魚在水中游，外型看起來就像鯊魚！
跟鯊魚一樣具有光滑出奇的軀體，
同樣靈活迅速。機翼垂直都還能飛。
總之，我具有滿腔的熱誠。

安東

——1921年5月給瑪莉的信

你是具有雙重身分的地勤人員：
既是地面技師，也是二等兵。
你教授關於內燃機的課程，
並且在上飛行學習擔任機槍手。
不過，你是在咬緊牙關忍耐，
你的目標是成為飛行員。
你就像一隻棲在艦橋上的年少信天翁，
天空近在咫尺，而信天翁是那麼想要振翅飛翔。

醉心飛行
L'ivresse du vol

我具有滿腔的熱誠。

斯巴德艾柏蒙型飛機

由安東所畫的幾張同袍的畫像

史波維奇型飛機

民營貨運機駕駛飛行手冊

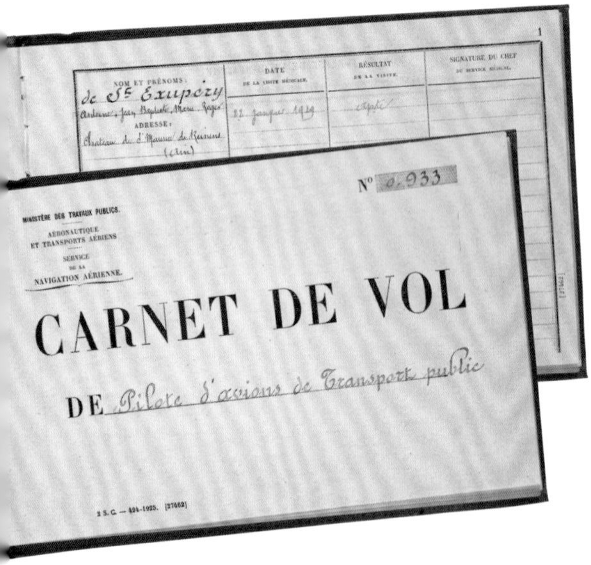

1921年6月——你在史特拉斯堡的納赫夫機場
跟從教練羅伯·艾比修習私人民航機飛行課程，
他是「東方泛空公司」的飛行員。
首先，與教練一起駕駛法爾曼F40型飛機，
之後你駕駛史波維奇型飛機，首度「單飛」。
士兵如果有民航機飛行員經驗，便能成為飛行員。
這張民航機飛行員證書花了你兩千法郎，
是你飛行一百次的代價……
你成功說服了母親，
儘管登上頭條新聞的飛行意外讓她更加擔心害怕。

史特拉斯堡：民航機駕駛
Strasbourg : pilote civil

柯德隆C59型飛機

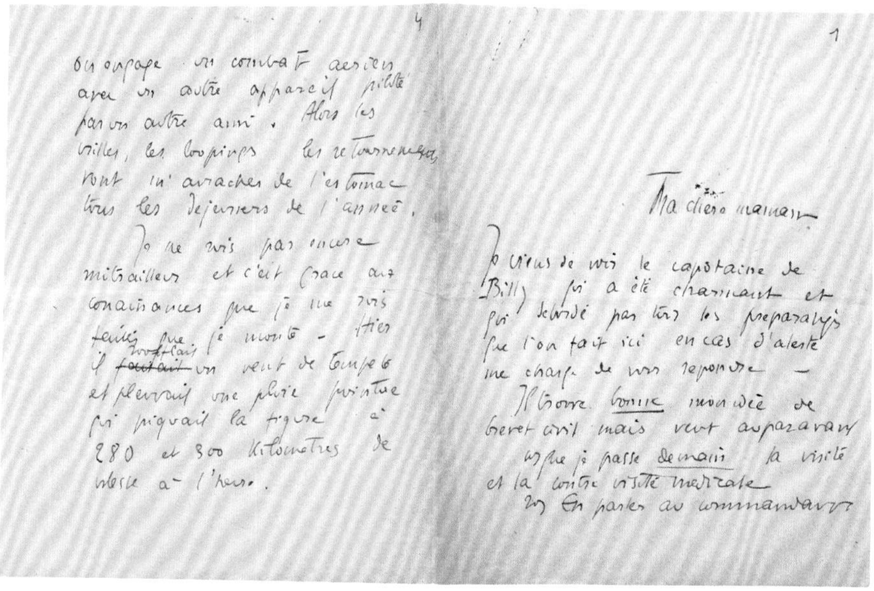

4

ou engage un combat aérien avec un autre appareil piloté par un autre ami. Alors les vrilles, les loopings, les retournements vont m'arracher de l'estomac tous les déjeuners de l'année.

Je ne suis pas encore mitrailleur et c'est grâce aux connaissances que je me suis faites que je monte. Hier il soufflait un vent de tempête et pleuvait une pluie pointue qui piquait la figure à 280 et 300 kilomètres de vitesse à l'heure.

1

Ma chère maman

Je viens de voir le capitaine de Billy qui a été charmant et qui débordé par tous les préparatifs que l'on fait ici en cas d'alerte me charge de vous répondre —

Il trouve bonne mon idée de brevet civil mais veut auparavant que je passe demain la visite et la contre visite médicale pour en parler au commandant

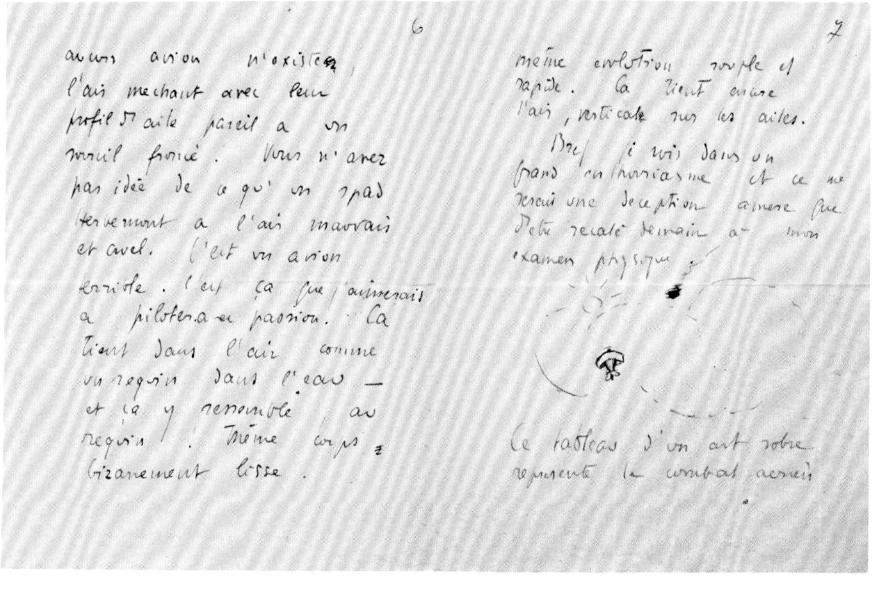

6

aucun avion n'existe, l'air méchant avec leur profil d'aile pareil à un sourcil froncé. Vous n'avez pas idée de ce qu'un Spad extérieurement a l'air mauvais et cruel. C'est un avion terrible. C'est ça que j'aimerais à piloter en passion. Ça tient dans l'air comme un requin dans l'eau — et ça y ressemble au requin ! Même corps bizarrement lisse.

7

même évolution souple et rapide. Ça tient encore l'air, verticale sur les ailes.

Bref je suis dans un grand enthousiasme et ce me serait une déception amère que d'être recalé demain à mon examen physique.

Ce tableau d'un art sobre représente le combat aérien.

我的人生有了意義

若我不是以副座乘客的身分、
而是以駕駛員的身分進行這趟旅程，
這趟旅程對我來說便不再無聊。
在風景與我之間立即建立起一連串特定的關聯，
讓我得以用不同的方式去感受飛行。
飛行中產生一種我們稱作「天空景觀」的東西，
比地面景觀更重要，而且是以幾乎神祕的秩序，
往往只能藉由記號來表達。這種海面上的白色軌跡
在此顯示出某一種風在某個高度預視了某種天候；
那邊的那團黑雲造成了戰略問題，
切開了一個必須要進入的三度空間世界；
哪一種風讓我前進，哪一種又能將我再往前推。
然後隨著夜的逼近，我看到地平線那種泛成一片
或是變得更銳利的方式，如果堡壘是透明的。
在我與萬物之間也確切地建立出一種
因為需要而生的語言。然後我的人生有了意義。

安東

〈我今晚去看了我的飛機〉

我今天早上降落了六次，
我認爲每次
都是完美之作。

1921年7月——你被調到了卡薩布蘭加的空軍第三十七殲擊軍團，
在軍團中待了五個月。你在軍團中與一群朋友重逢，一同晚餐、打橋牌、聆聽音樂。
你不飛的時候就想著家鄉的事。
12月23日，你獲得了軍機飛行員合格證書，也通過了預備軍官學校的考試！

卡薩布蘭加：軍機飛行員
Casablanca : pilote militaire

新興城市

卡薩布蘭加是有許多高樓大廈與豪華咖啡館的
新興城市，住著許多貪婪的殖民者、妓女、雞姦者。
卡薩布蘭加深深令我作嘔。

好在，阿拉伯人的城市還在。圍在高牆內，
這座城捍衛著其中明亮的小商店與五顏六色的攤販，
城裡的糕點販子托著大銅盤在街道上漫步，
兜售豔紅色的蛋白霜餅或是藍色的牛軋糖。
特別是那些拖鞋販子（這是我最喜歡的）——
那些不會穿在灰姑娘腳上的金拖鞋、銀拖鞋，
他們等待著……那些宛若國王之子的阿拉伯小孩，
穿著色彩鮮豔的華麗袍子跑來跑去玩耍，
跟戴著長長面紗的小女孩一起在小巷子中坐下。
我每一天都滿懷快感地飛行。

——寫給夏勒斯．薩勒的信，1921年於卡薩布蘭加

1919年3月12日，首次卡薩布蘭加到土魯斯航線的郵戳。

我今天早上降落了六次，我認為每次都是完美之作……
理論上是啦。我按照既定的航線飛行，
不過我每次都冒險飛得更遠一點，進行蹺課之旅。
安東

——寫給瑪莉的信，1921年於卡薩布蘭加

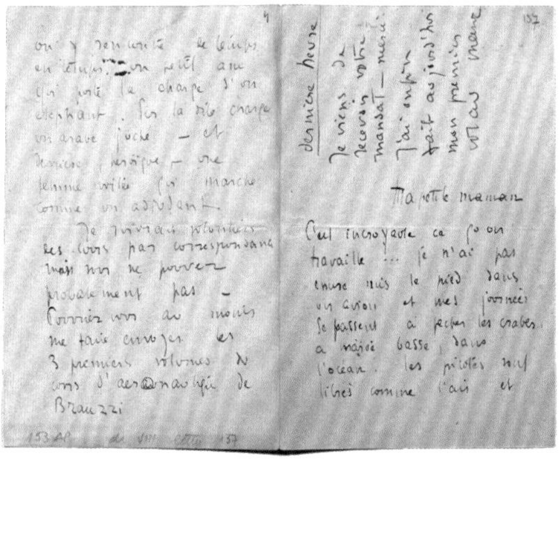
Ma petite maman

L'Esquimau volant

飛行的愛斯基摩人

你發現了沙漠。沙漠令你著迷。
沙漠把你納入其密如驟雨般的繁星。
沙漠以其成群結隊的雲朵包圍著你。
你飛越沙漠的寒夜
以及位處其間的海市蜃樓。

安東給母親的信，
上頭是他的自畫像。

像個愛斯基摩人

我的好媽媽，要是您看到我今天早上的樣子，
穿得暖暖的像個愛斯基摩人，
還笨重得像隻大型哺乳動物，您一定笑出來……
我戴了一頂只在眼睛處有開口的羊毛風雪帽
就是那種只露出眼睛的防風帽，還戴了眼鏡……
脖子上圍了一條大大的圍巾（舅舅的圍巾），
身穿您織的白色毛衣，然後在所有衣服外
又裹上一件毛皮裡子的連身衣。
我戴了一雙厚厚的手套，
還在我那雙碩大的鞋子裡頭穿了兩雙襪子。

我冷到流淚

十五天以前，我去了位於邊境的卡斯巴塔德拉。
我獨自架飛機過去的時候，冷到流淚。
眼淚真的流了出來！因為要越過高山，我飛得很高。
儘管我穿了毛皮連身衣，戴了毛皮手套，
但要是得這樣飛很久，我會隨便選個地方降落。
這期間，有那麼一刻，
我花了二十分鐘才從口袋裡取出地圖。
我原本以為對這地方夠熟，
沒把地圖放在飛機內。我咬手指咬到手指頭好痛……
而我的雙腳……我當時做不出任何反應，
只能讓飛機飄向四面八方。
我真是個悲慘又孤立無援的可憐蟲。

——寫給瑪莉的信，1921年於卡薩布蘭加

Des airs qui consolent

撫慰人心的曲調

沙子與小碎石。憂鬱。你想念綠地。
你不飛行的時候，你便為鄉愁所苦。
你想念你的母親。

（摩洛哥）索維拉附近沙漠中的駱駝商隊

憂鬱與詩歌

我的好媽媽，請您坐在一棵開花的蘋果樹下，
因為有人告訴我們：法國的蘋果樹正在開花。
然後請您代我好好地看一看您的四周。
景色應該翠綠迷人，還有綠草……我想念綠地，
綠色是精神的食糧，綠色能讓人的舉止輕柔，心靈平靜。
若是少了這個生命的顏色，您很快就會變得乾涸敗壞。
那些野獸的性情陰鬱，都是因為牠們
沒有俯臥在苜蓿叢中生活。而我呢，
每當我遇到一棵小灌木，我會拔下幾片葉子，塞進口袋裡。
之後在寢室中，我會帶著愛意注視著這些葉子，
輕輕把它們翻過來。這麼做能讓我得到慰藉。
我想要再見到您的故鄉，那兒到處都是綠意。
我的好媽媽，您不知道一片單純的草原有多麼令人動容，
更不曉得一臺留聲機有多麼讓人心碎。
對啊，留聲機此刻正轉動著。我對您發誓，
這些陳年舊曲讓人聽了難過。它們太甜蜜、太溫柔，
我們從前在老家聽過了太多回。再回頭去聽彷彿是種魔障。
歡樂的曲子帶有殘酷的諷刺。
這些片段的音樂讓人驚心動魄。我禁不住閉上眼睛。
通俗舞曲讓人彷彿看見布雷斯的老房子和上蠟的地板……
還有瑪儂……很奇怪，聽到這些曲子竟讓人心懷怨恨，
就好像望著有錢人在面前走過去的鐵道工人。
這些音樂是這般喚醒了昔日的幸福時光。
而其中也有撫慰人心的曲調……

——寫給瑪莉的信，1921年於卡薩布蘭加

軍官學校學生，攝於1921年。

飛向您……

我還是像我還很小的時候那樣需要您。
長官與軍紀、戰略課程，都是些枯燥又令人討厭的東西。
我想像著您在客廳裡插花，痛恨著這些吹毛求疵的長官。
明天我會架飛機朝您居住的方向飛行至少五十公里，
好讓自己想像自己正朝您飛去。
為何有時我竟惹您流淚呢？一想到此，
我是那麼悶悶不樂。我竟然讓您懷疑我的愛。
要是您知道我多愛您就好了，媽媽。

——寫給瑪莉的信，1922年於阿沃爾

美妙的樂音

我一週大約飛四次。其中兩次擔任駕駛，
另兩次則以偵察員的身分。
我學了一大堆攝影、地形測量、
無線電通訊的訣竅。
我聽著飛機引擎發出呼呼的聲響。
多麼美妙的樂音啊……

——寫給瑪莉的信，1922年於阿沃爾

在我的座艙內

我飛到布爾哲，也飛到維拉固布雷，
當局調我去那裡表演特技。
我駕駛紐波29型飛機，
那是目前速度最快的飛機，
一顆暴躁的小小火流星。
我給不少布爾哲的朋友取了綽號：
如瑟芮涅、S等等。
他們嘗盡了各種滋味，
我則在我的座艙內悄悄地取笑他們。

——寫給瑪莉的信，1922年於巴黎

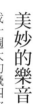

1922年1月——馬賽、依斯特……
你被任命為下士，成為官校生，
先後隸屬於阿沃爾、維拉固布雷與凡爾賽的營隊。你遊歷四方，而空軍飛行員訓練照常態進行。

1922年10月——你被任命為少尉預備軍官，編入布爾哲的空軍第三十四軍團。

安東・德・聖艾修伯里少尉

Le sous-lieutenant Antoine de Saint-Exupéry

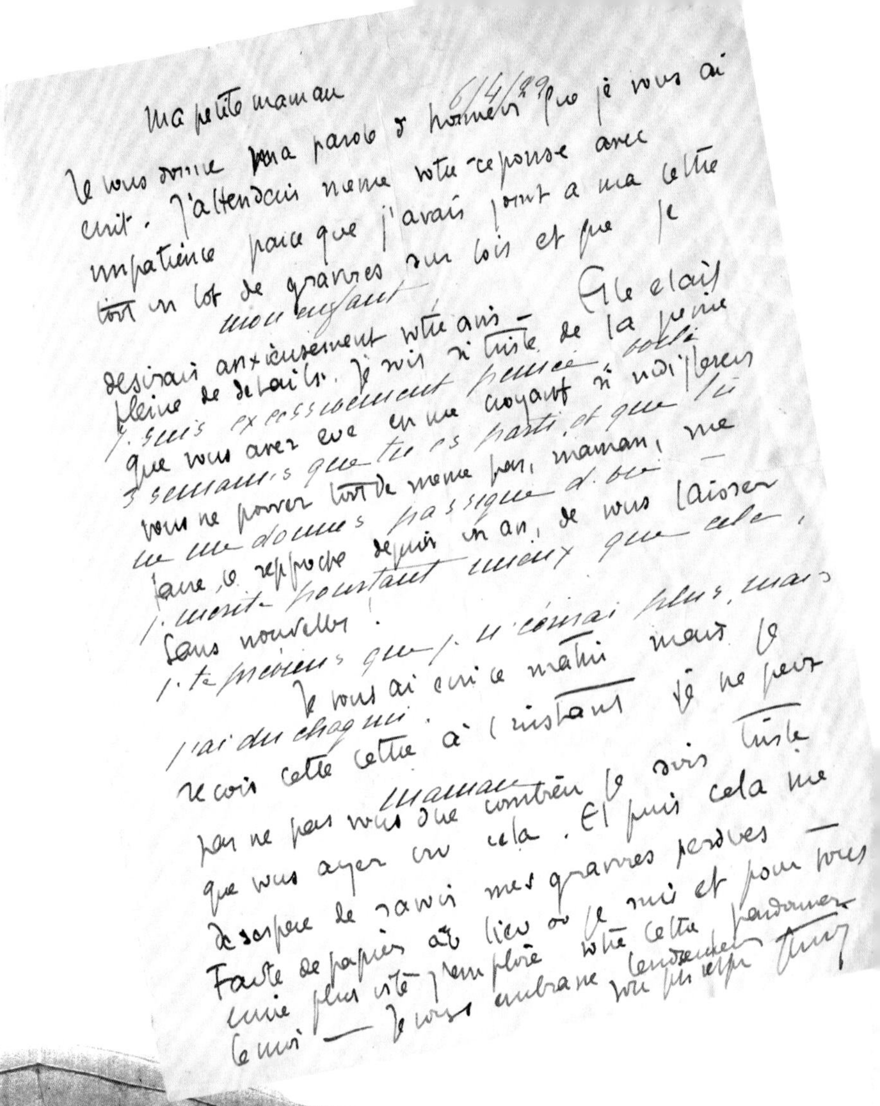
Ma petite maman 6/4/29

Je vous donne ma parole d'honneur que je vous ai
écrit. J'attendais même votre réponse avec
impatience parce que j'avais joint à ma lettre
tout un lot de gravures sur bois et que je
mon enfant
désirais anxieusement votre avis – Elle était
pleine de détails. Je suis si triste de la peine
j'ai été excessivement peinée
que vous avez eue en me croyant si oublieux
3 semaines que tu es parti, et que [illegible]
vous ne pouvez tout de même pas, maman, me
le [illegible] pas [illegible]
faire ce reproche depuis un an, de vous laisser
j'ai mérité pourtant mieux que cela,
sans nouvelles ! mais
[illegible] que je n'aurai plus. Je
Je vous ai écrit ce matin mais
j'ai du chagrin
reçois cette lettre à l'instant je ne peux
maman
pas ne pas vous dire combien je suis triste
que vous ayez cru cela. Et puis cela me
désespère de savoir mes gravures perdues –
Faute de papier au lieu où je suis et pour vous
écrire plus vite j'emploie votre lettre pendant
ce mois – Je vous embrasse tendrement
votre Tony

紐波型飛機，攝於1925年左右。

飛行員感覺自己變高了

在螺旋槳的吹打之下，後方直到二十公尺外的草皮看起來彷彿流水一般。
飛行員以一個手腕的動作釋放或止息風暴。
聲響一再重複，愈來愈響，直到變成具有密度的、幾乎是結實的質地，
將肉身封閉在其中。當飛行員覺得自己的一切都得到了滿足時，
他想著「很好」，然後以指背輕撫座艙：除了震動之外別無其他。
他把玩著這股無比濃縮的能量，他俯身說道：「別了，吾友……」
為這句清晨的道別，他們身後拖著無比巨大的陰影。
然而就在即將躍入超越三千公里的高空之際，飛行員已經離他們很遙遠了……
他看著籠罩在天空上的一片黑雲，在逆光下呈現榴彈的形狀。
螺旋槳後方朦朧的景色顫抖著。

現在，引擎以慢速轉動。他像解開最後幾條纜繩那樣地鬆開拳頭。
他們為他繫上安全帶與降落傘的兩條背帶時，有一股很奇特的沉默。
動動兩肩與胸膛，他們把他的身軀安置在駕駛艙內。
出發的情景恆常，一出發便是進入另一個世界。
看了儀表板最後一眼，儀器上的地平線窄而清楚
（他們很仔細地把高度表歸零），看了短而肥厚的機翼最後一眼，
點一下頭，說聲「沒問題……」，於是他自由了。順風緩緩飛行了一會兒，
他把節氣閥控制桿拉向自己，引擎點火燃燒，猛地被螺旋槳推進，
飛機向前猛衝。最初幾下由空氣壓力造成的彈跳和緩下來，
飛行員依照操縱所得的反應推算自己的速度，
速度在操控中持續增加，飛行員感覺自己變高了。

——**《飛機駕駛員》、《南方郵件》中的段落**

**在飛行中，飛行員感覺到的
既不是暈眩也不是陶醉，
而是一具活生生肉體的神祕工作。**

俯瞰

大地上整齊的田野、呈現幾何狀的森林與聚落，
令人感到安心。
飛行員向下俯衝，好更仔細品味大地的風景。
在高空上所見的大地顯得光禿禿且毫無生氣。
一待飛機下降，大地便穿上了衣衫。
樹林再度為大地鋪上軟墊，
谷地與河川在大地上印下一串波濤起伏：
大地呼吸著。他飛越一座山，
躺下的巨人的胸膛鼓脹到幾乎碰到了他。
一座花園：他把機頭對準花園，放大了花壇，
開啟了人類比例尺的世界。

——**《飛機駕駛員》**

置身事外

於是，每小時在這道星梯上朝黎明下降，
令人覺得自己很純淨。
現在，油門減弱，引擎和緩，
飛行員朝中繼站滑翔飛去，他端詳著那座城市。
城市中有人們的煩惱，他們為金錢的操心；
他們的粗俗卑賤，他們的渴望，他們的怨恨。
他覺得自己純淨而置身事外。

——**《人生的某種意義》**

我不知道自己是怎麼了。
儘管有這麼多星星具有引力，
這股沉重感卻把我束縛在地面。
另一種沉重感把我拉回自己。
我感到自身的重量
將我拉向如此多事物。

——《人類的大地》

流亡的代價——聖艾修伯里與孤獨

你沒在飛行的時候，總有點像是在流亡。
不過你的人生中存有兩段更為艱苦的時期，兩相間隔二十年。
你生平首次穿越沙漠，而這座沙漠與令你著迷的那種真正的沙漠並不相干。
你先是在巴黎遭遇了這場荒漠之旅，然後是一九二三至一九二五年在克勒茲度過的那些日子，
就在你於布爾哲所經歷的嚴重飛行事故之後。顱骨骨折與隨之而來的停飛處分，
逼得你未婚妻露易絲·德·維摩韓的家人要求你放棄飛行員生涯……
你的第二段流亡就比較名副其實，因戰爭而降臨在你身上：
一九四一年一月至一九四三年四月期間，你在美洲面對這場流亡，
當時沒有人讓你飛行、讓你捍衛自己的國家。

LE PRIX DE L'EXIL
Saint-Exupéry et la solitude

絕望

你認識我的，我所感到的這種急著想再出發、
往更遠之處搜尋的渴望，卻無法理解。
因為我是讓榛樹顫抖的水源探測者，踏遍世界直到找到寶藏為止。
不過請告訴我，我所尋找的是什麼，
並且告訴我，為什麼倚在窗前俯瞰這座有我的朋友、
我的渴望與我的回憶的城市時，我竟感到絕望？
為什麼生平第一次我沒有發現水源並感到距離寶藏如此遙遠？
人們要我許下、而黑暗之神卻守不住的這個黑暗的承諾，是什麼？

——《南方郵件》

1923年1月——你成為布爾哲某次飛行事故的受害者。
當時你在未經授命又未獲許可的情況下駕駛一架悍利歐HD-14型飛機。
你不守軍紀所受到的雙重懲罰是：顱骨骨折與停飛處分。

1923年9月——萬念俱灰的你放棄了以飛行為業。
拜維摩韓家的友人之賜，你成為生產管制員，
也就是布瓦宏磚廠的會計，關在你位於佛堡聖歐諾黑街五十六號的小房間中。
你與朋友尚·艾思寇分租一間位於歐爾那諾大道上的房間。
你流連在蒙帕納斯與聖日耳曼德佩的酒吧中，淹沒你的煩悶；
你過著刻苦的生活，而此時你的未婚妻露易絲也與你漸行漸遠。

不見訪客的會計
Le comptable éconduit

麗都咖啡廳，1928年攝於巴黎。

1930年左右，蒙帕納斯某家咖啡館。

上流社會的晚宴，攝於1912年12月。

脫逃

脫逃是很重要的。十歲的時候，我們躲在屋頂的閣樓。
我們在閣樓上，望著藍色的夜從屋頂的破洞中滲透進來。
這個渺小的洞只足夠讓一顆星星落在我們身上。
我們探索著木頭的每一個喀噠聲響。
一切都只不過是一個隨時準備交出豆仁的豆莢。
事物的舊殼之下肯定存在著某種東西，我們對此深信不移。
那個東西，難道不正是這顆星星、這顆堅硬的小小鑽石？
總有一天，我們會朝著北方或南方走去，
要不就單獨動身，去尋找它。脫逃。

——《南方郵件》

瘋狂年代巴黎人行道上的無憂無慮氛圍

要命的煩悶

我的老兄，我的狀況令我作嘔：我在一間兩米見方的辦公室裡打呵欠，
望著那扇面向中庭的窗戶外落下的雨。我也在算加法，我還負責分類文件——
這些文件可安全了，因為再也沒有人找得到。人生真是憂鬱得很。
我繼續買樂透彩券，好讓人生更具些微無可預期的色彩。
我等著中獎卻什麼也沒中。有點像是失戀之苦，只是打發時間。
我很想換一間辦公室，我做同樣的事情做太久了。我是全世界最心灰意冷的傢伙。
你去翻翻維爾摩年曆，找些有趣的故事來說給我聽吧。去他的。
我在籠子裡的樣子應該很可憐，卻連一個在場同情我的朋友都沒有。
現在正好是十點五十六分。再過一小時又四分鐘我就要出去了。
我就可以去吃午餐、去造訪無政府主義分子經常出入的酒吧、去……我就自由了！
然而我只有三塊五法郎，一點兒也不能亂花。
我會謹守道德。我會試著裝作是出於原則。
現在正好是十點五十九分。我突然浮現瘋狂的希望：也許手表慢了……有可能啊。
那麼如果這樣的話，也許已經十一點十分了！你想想！
我做過所有的實驗，企圖讓時間過得更快，在這方面我可是學識淵博啊。
望著窗外只是徒勞無益的作法，查看手表也是徹底令人失望，徒勞無功。指針根本就沒動過。
睡覺就稍微好一點，條件是要睡上很久，因為要是只睡了一分鐘卻以為自己睡了一個小時，
就會感到更失望。不過自從那天我經歷過一場可怕的噩夢之後，我就再也不敢用這個方法。
那次，老闆帶著其他「大頭」走進我的辦公室，我卻猛然驚醒喊著「媽媽」！
真是悲慘得不得了……人家以為我瘋了……
寫信倒是個效益挺好的作法。不過時間只有在我徹底忘記某件急迫的工作、
然後在截止前一個鐘頭才發現時，才會真正過得飛快。
那時候時鐘的指針便轉得像風車一樣快，我的工作來不及做完，然後我就會被罵……

安東

——1924年7月11日寫給夏勒斯·薩勒的信

現在正好是十一點十分整。
現在正好是十一點十一分整。
現在正好是十一點十二分整。
現在正好是十一點十三分整，又過了幾秒。秒針是我僅有的樂趣。
那是唯一看起來美好的東西。讓我感覺到時間的流逝。

Le représentant creusois

克勒茲的業務代表

1924年秋天——你受僱於索爾企業。接受三個月的機械修理訓練、學會拆卸卡車引擎之後，你成為業務代表暨卡車銷售員。1925年這一年間，你穿梭往返於貝里和克勒茲的公路上。

好消息？

我的好媽媽，我好久沒給您寫信了，
因為我原本想等到有很棒的消息告訴您時再寫，
然而因為什麼都還沒定案，
我不想寫信告訴您一些虛假的希望。不過現在
好像差不多確定了，我想您將感到滿心歡喜。
我眼前有個新的工作機會，是在汽車業。我會有：
固定薪水：每年一萬兩千元；
佣金：每年大約兩萬五千元。
總共是年薪四萬到五萬元之間，
外加一輛屬於我的小汽車，
我會用它載著您四處逛逛，也帶著莫諾一起去。
我要到下個星期才能夠確定，要是成了，
我星期五左右便去您那裡住一個星期。
我將要過一段外地的獨立生活。
我衷心親吻您，如我愛您那樣。
還是值得稍微高興一下的，我向您保證！

安東

——**寫給瑪莉的信，1924年於巴黎**

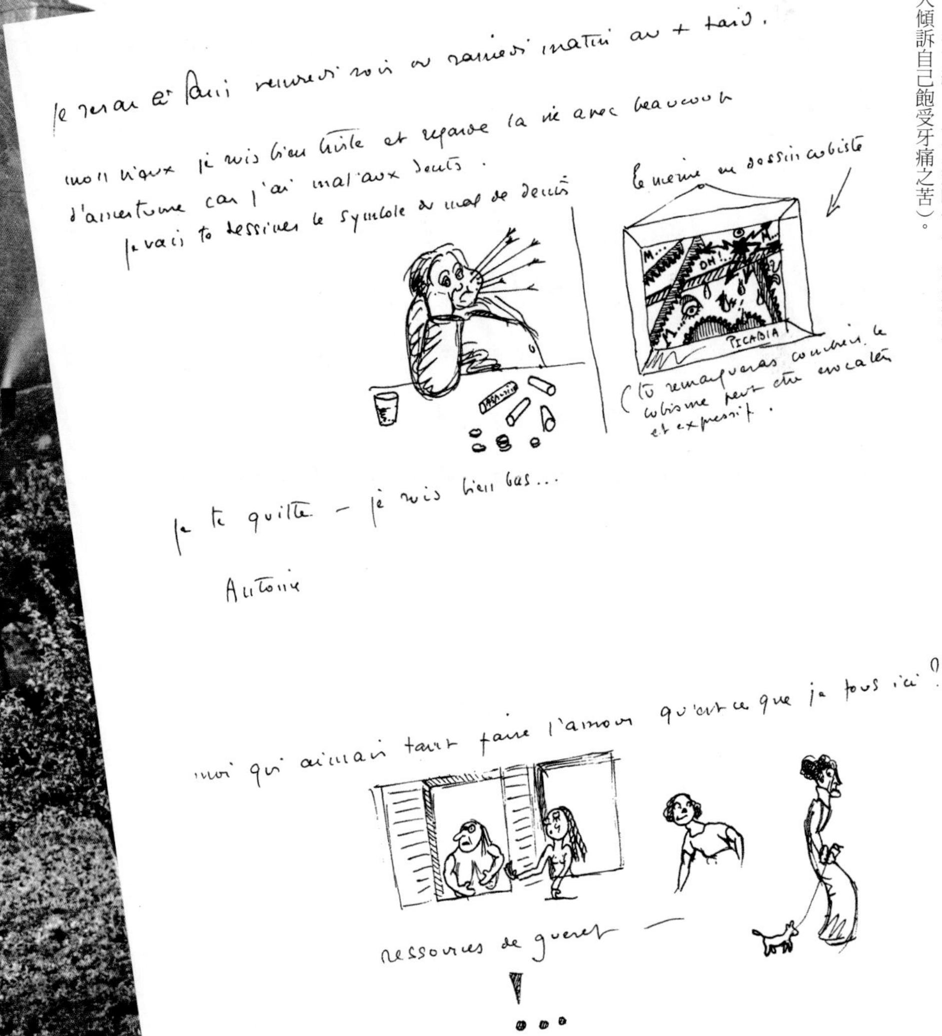
Je serai à Paris vendredi soir ou samedi matin au + tard.

mon vieux je suis bien triste et regarde la vie avec beaucoup d'amertume car j'ai mal aux dents.

Je vais te dessiner le symbole du mal de dents.

Le même en dessin cubiste

(tu remarqueras combien le cubisme peut être évocateur et expressif.

Je te quitte — je suis bien bas...

Antoine

moi qui aimais tant faire l'amour qu'est-ce que je fous ici ?

ressources de guerre —

!...

1925年寫給尚・艾思寇的信（內容是安東向友人傾訴自己飽受牙痛之苦）。

流浪的猶太人

我過著極為孤獨的生活，
總是奔波在幹線公路上，
與流浪的猶太人頗為相似，
不會在同一個城市裡度過兩晚，
見識過許多附家具的房間。
我的人生沒有任何進展；
我起床，開車，吃午餐。
我吃晚餐，什麼都不去想。真是悲哀。

安東

——寫給瑪莉的信，1924年於蓋雷

自殺者

我看過一大堆外省小鎮的迷你小火車，
或是人們在其中玩馬尼拉紙牌的
小咖啡館。星期日，薩勒來蒙呂松看我，
真是個好傢伙！我們一起去參加了一週一次的
「跳舞會」——就是區政府舉辦的舞會。
在這種舞會上，各家婦女排成矩陣，
把她們穿著粉紅或藍色衣裳、
跟店主兒子跳舞的「閨女」圍在中間。
我認識了那種因守喪而到外省隱居的人，
他們不再做任何事，也不再閱讀任何書籍。
傑尼葉稱呼他們為「自殺者」。

安東

——寫給瑪莉的信，1925年於巴黎

蒙呂松火車站

布薩克、蓋雷、蒙呂松……歇爾省、安德爾省、克勒茲省、埃利安省。
女裝店旅社、健牛大旅社、中央大旅社……你在這樣探索法國的旅程中感到厭煩，
你是那麼想要飛越其上而非滯留其中，你尋找著不太可靠的客戶，一年多來只向你購買了一輛卡車。

維葉松，蓋雷，蒙呂松

Vierzon, Guéret, Montluçon

給艾思寇的信：見過第一個客戶之後的抱怨。

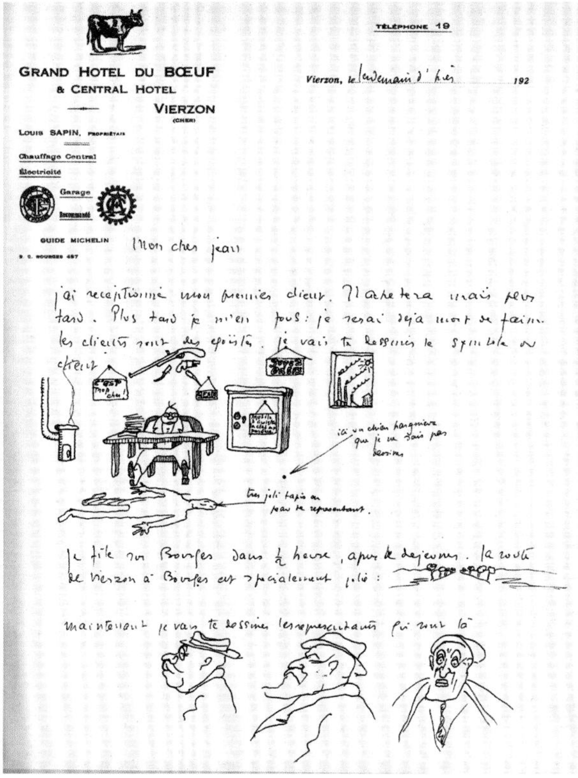

安東寫給亨利・德・瑟芶涅與寫給尚・艾思寇的信。

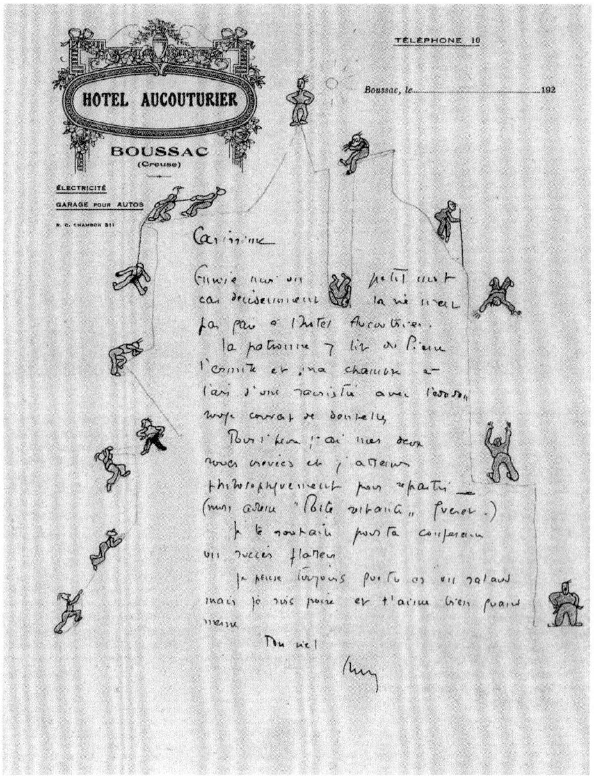

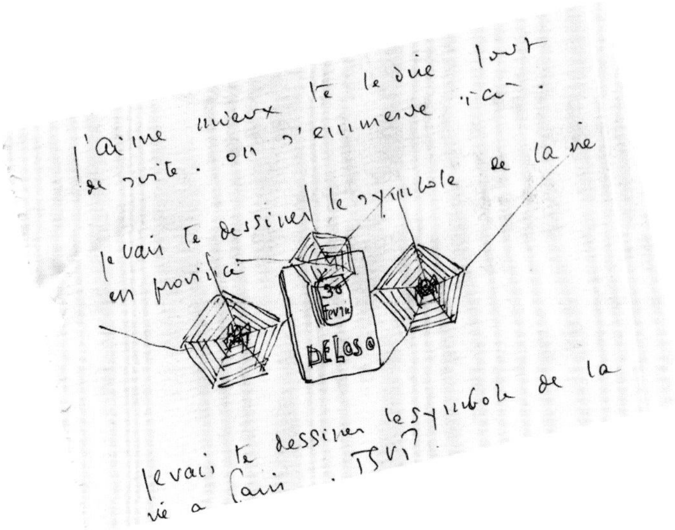

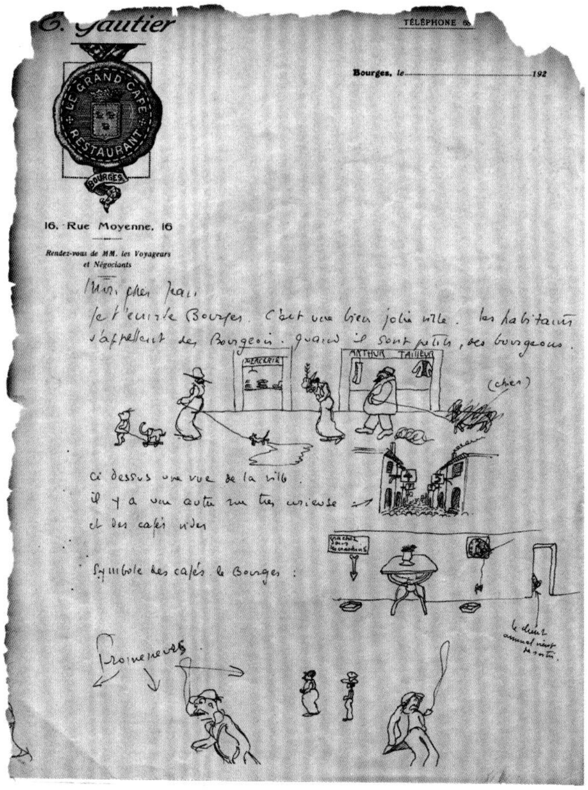

給艾思寇的信：抵達下一個城市後所見印象。

親愛的老娣娣：

我有點想要結婚，也想要生小孩。
不過必須要兩個人才能做這些事，
而我至今仍未結識一個讓我喜歡的女子。
我會用賺到的第一筆錢去換一部速度很快的汽車，
或許能夠安慰我不能開飛機的苦。
我等著邂逅某個年輕好女孩，
她漂亮聰明又充滿魅力，
快活又文靜又忠實又……可是我找不到這樣的人。
於是我千篇一律地追求
那些名叫柯蕾特、波蕾特、蘇西、黛西、蓋比等
猶如同一個模子印出來的女子，
相處兩個鐘頭就令人厭煩。
她們只是候客室裡打發時間的對象……
再見了，娣娣。我熱烈地擁吻你。

你的弟弟，安東

——1925年於蓋雷寫給瑪莉瑪德蓮的信

指縫間流逝的時光

我的好媽媽：

我對妻子的要求，就是要能平息這股焦慮。就是這樣才那麼需要娶妻。
您無法理解我的心情有多沉重，並且感到青春是那般無用。
您不會知道一個妻子所能夠付出的、她能給予什麼。
我在這間房裡太孤單了。
媽媽，您不要以為我具有克服不了的憂傷。每當我打開門、扔下帽子，
感到過完的一天自指縫間流逝，總是會有這樣的感覺。
如果我每天都寫點東西，我會覺得很快樂，因為這樣便有留下些什麼。
沒有任何比聽到人家對我說「你好年輕」更能讓我驚喜的事了，
因為我是那麼地需要感到年輕。
只是，我不喜歡像S那樣容易滿足又不求長進的人。
人必須要有點不安於現狀，才能讀懂周遭的人。
所以我害怕婚姻。那要看妻子是什麼樣的人。
回頭看看，有一大群人還是充滿希望。不過他們逃掉了，
然後要二十個女子才能組成我所需要的人。
為了不要馬上悶死，我要求得太多了。

——1925年寫給瑪莉的信

情感上的孤獨

Solitude sentimentale

我有點想要結婚

我的好媽媽：

我有一點、就一點點想要結婚的渴望，可是我不知道要跟誰結婚。

然而我是如此厭惡這種倉促短暫的人生！

而且我還具有滿腔的父愛。我想要好多個小安東……

——1924年寫給瑪莉的信

New York : deux ans d'exil

紐約：兩年的流亡生活

1941年1月——這次，要做的不單單只是越過羅亞爾河，到喬治桑與亞蘭傅尼葉的故鄉去賣卡車了。
是戰爭讓你不得不越過大西洋。與畫家之子尚・雷諾瓦一起，你們搭乘美國出口運輸公司的郵輪西伯尼號，
邁向同一段旅程：前往美國紐約的流亡之旅！你打算來這裡待個四週，以為這段時間便足以促使美國對納粹德國宣戰，
想不到卻在美國待了四年，完全由不得你。在紐約，你是個成功的作家，受出版社嬌寵，受美國人崇拜……
同時受到戴高樂主義分子和貝當派支持者兩方的極力拉攏，你感到孤獨至極。你覺得這些流亡海外的法國人
距離這個陰影中的法國太過遙遠，你是那麼想要駕駛著戰鬥機飛越這個進行地下反抗活動的法國。
維琪政府的支持者令你感到憤慨。你是那麼想要看到法國人在逆境中團結起來。
得不到理解、意志消沉、心灰意冷，你躲在酒精與寫作中逃避煩惱。

流亡海外的人

離我家兩步之遙的賭場每晚聚滿了幽魂。他們視財力而定，
玩著俄羅斯羅盤或是巴卡拉紙牌遊戲。有時候，我去觀察他們。
我既不感到憤慨，也不覺得諷刺，卻有著一股模糊的焦慮感，
那種在動物園裡面對某個倖存物種時心慌意亂的感覺。他們圍著桌子坐定，
跟表情嚴肅的莊家擠在一起，竭力地去體驗希望、失望、恐懼、渴望與狂喜。
就好像活人一樣。他們使用著也許已經失效的貨幣。
他們保險箱裡的值錢票券可能是由被充公的工廠所擔保，
要不就是面臨空投炸彈的威脅，已經快被摧毀。他們平空想像事態不嚴重。
藉著與過往重修舊好，他們竭力相信他們的狂熱是正當的，
相信手上支票的價值、與他們契約的永久不變，
彷彿這數個月以來世界上什麼也不曾開始崩解。
很不切實際。就像玩具娃娃跳的芭蕾舞。
然而這也很悲哀。他們可能什麼感覺也沒有。我放棄他們了。
這些難民，我在這艘郵輪上與他們相遇，連郵輪本身也瀰漫著一股淡淡的焦慮。
這艘郵輪把這些沒有根的植物從一個大陸轉運到另一個大陸。
我心想：「我很想當個旅人，我不想當個移民。
我在祖國學到那麼多東西，在他方卻派不上用場。」
不過，此時眼前這些移民卻從他們的口袋裡掏出他們的小通訊錄、
他們證件的殘骸。他們還在扮演著某個人物。他們用盡全力抓住某種意義。
「您要知道，我是這個某某……我來自某城……
我是某人的朋友……您認識這位某人嗎？」
然後他們跟你述說起一個朋友的故事，
或是某件責任，或是某件錯誤，
或是其他任何能將他們與任何事物連在一起的故事。
不過既然他們都流亡海外了，
這段過往他們是一點都再也用不上了。

安東

——1925年寫給瑪莉的信

從希德街朝南望出去的百老匯

1942年：法國此時已全境淪陷。不論是反抗者抑或逃亡者，你在紐約所遇到的法國人都不再是流亡者，而是臨時的移民。他們離戰鬥非常遙遠。你等待著時機。你想要回去，想進行反向的旅程，想採取行動。你很不適應離開你童年故鄉的流亡生活。離開你的戰鬥的流亡……你吞下雲朵般的煙，嚥下好幾公升威士忌，灌下海量的咖啡。你一直被我這張傷心孩子的面孔所糾纏，我出現在你的信件和稿紙上。你非常希望你的書《飛向阿拉斯》終究能夠讓美國做出參戰的決定。

在曼哈頓生活

Vivre à Manhattan

暗夜中的法蘭西

德意志的夜完全吞沒了我們的國土。我們還能得知我們所愛之人的一些消息。
無法與他們共享餐桌上的壞麵包，我們還能對他們訴說我們的情意。
我們遠遠地聽著他們呼吸。結束了。法蘭西僅剩下沉默。她在所有燈火俱滅的夜裡，
像艘船艦，迷失在某個地方。她的良知與精神生命在她的深度中再度站了起來。
明天，德國要槍決的有哪些人質，我們就連他們的姓名都不會知道。

——〈給世界各地的法國人〉，1942年11月29日刊登於《紐約時報》

我住在某棟石材牆面旅館的二十五樓，透過窗戶聆聽一座新城市的聲音。
這聲音在我聽來椎心刺骨。陣陣狂風在此製造出一如在纜繩之間的聲響。
外頭進行著看不見的盛大行動。還有那些叫喊。還有那些呻吟。
還有那些榔頭與鐵砧的聲響。還有我不知道從何處響起的急促警笛聲，
如此清楚地表示著危險。這股海面上的喧囂。這種有點像遇難船艦會有的騷動。
我從未如此強烈地感受過在石頭金字塔中的這麼一大堆人，
他們發出那些出發的噪音、車隊的噪音、海難的噪音，
且在群星與地球之間動來動去，既不明白自己的旅程，
也沒有帶隊的船長。真奇怪，但我在此卻感受不到
任何物質的東西，反倒是什麼也尚未感覺到。
這群人、這些燈、這些高樓的尖頂，在我看來，
首先便以一種壓倒性的方式提出一個命運的問題。
這麼說可能很愚蠢，不過這裡，
比起在其他任何地方，
都還更令我覺得自己在公海之上。

——1938年1月，寫給奈莉・德・弗桂的信

《飛向阿拉斯》
（《戰鬥飛行員》英文版）

極度孤寂

我在世上從來沒有、從不曾感到如此孤寂。
我有一股無法慰藉的憂愁（…）
我想要成為與蔬菜同在的園丁。要不就死了算了（…）
夜裡我對一切感到焦慮。我自己的事。我的家園。我的所愛。
我在變紙牌戲法時樣子看起來很愉快，
可是我無法對我自己變戲法，我的心中極為冰冷。
噢！不，我的悲傷不是具體的。
我很清楚自己無法忍受社交的焦慮。
我有如貝殼，填滿了那種雜音。我不知道該怎麼獨樂。
郵政航空公司便是歡欣喜樂。然而當時是何其盛大啊！
我無法在這種悲慘之中繼續生活下去。我再也辦不到。
缺乏宗教信仰的斗室隱居生活。這間愚蠢的房間。
這種全然沒有明天的狀態。我再也無法忍受這道鴻溝。

——1943年12月，寫給奈莉・德・弗桂的信

晚餐之後，聖艾修伯里下西洋棋，
表演我這輩子所見過最神奇的紙牌戲法，
設法用一種魔術師與詩人的快活來讓我們驚喜。
午夜時分，他進入他的工作室，
在裡面一直待到早上七點，
他寫下並畫出了這位具象徵性的小王子的冒險。
這個住在迷你星球上的小王子是作者的某種投射。
半夜三更，他大聲嚷嚷地把我們叫來，
要給我們看一張他很滿意的圖畫。
這就是這天才在生活上
展現出來並且讓人折服的特色之一。

——**安德烈·莫華**

安東·德·聖艾修伯里所擁有的
眾多棋戲中的一組

位於長島的貝文居

紐約，在伯納・拉摩特家的陽臺上。

哈林區的棉花俱樂部

康綏蘿・德・聖艾修伯里，攝於貝文居前。

1943年4月——美國於一九四二年參戰了。美國士兵進駐到北非。
得花上二十七個月、超過八百天的流亡生活，
美國才發給你前往北非的通行證。你終於能夠派上用場跟納粹作戰了。
你出版了我的故事，文字與插畫是在貝文居完成的。

成為別種東西
Devenir autre chose

忙碌的男人

我想成為我自己之外的別種東西。我對自己不再感興趣。
我的牙齒、我的肝臟、其他東西，全腐朽了，
本身不具有任何價值。在必須赴死之際，
我不想變成這個樣子，而是想要成為別種東西。
現在，那些加諸於我的批評，我才不在乎。
我很忙。我忙透了。我再也沒時間去聽那些話。
此刻，假使我能決定，最好就是在某個地方死去，
我完全做好了死在某處的準備。
單單只因我找到了一個我認為最好的職志。就這樣。
我現在認為別人是在我的所做所為中贊成我或是反對我。
因為戰爭，也因為紀堯梅，我明白到有一天我將會死去。
這個死再也不是那種屬於詩人的抽象死亡，
只是情感狀況與憂傷中產生的願望。毫不相干。這個死亡
再也不是「對生命厭倦」的十六歲男孩所以為的那種死亡。
不。是男人的死亡。是嚴肅的死亡。是過完的人生。

——1941年9月8日於洛杉磯寫給奈莉·德·弗桂的信

悔恨

我承認犯了很多錯誤。我憂心忡忡且神經質，又暴躁易怒……
對任何人而言我都不是個安心的依靠。也正因如此，我擔起一切的過失。
總之不管我做什麼我都有錯。我的頭號錯誤就是在同胞正在打仗
且戰死的時候住在紐約。儘管我不公正，
儘管我暴躁易怒，儘管我心不在焉，
都無法加重我的悔恨，
因為我的悔恨已是那麼沉重，
且對我的信仰扮演著
重要的影響。為什麼他們
不讓我登上一架戰鬥機，
好體驗一種純粹的生命？

——1942年在紐約寫給希薇亞·漢米頓的信

1942年聖艾修伯里在國家廣播公司（NBC）。

《小王子》的法文原版書

安東和尤金與伊莉莎白．雷諾，1942年攝於紐約。

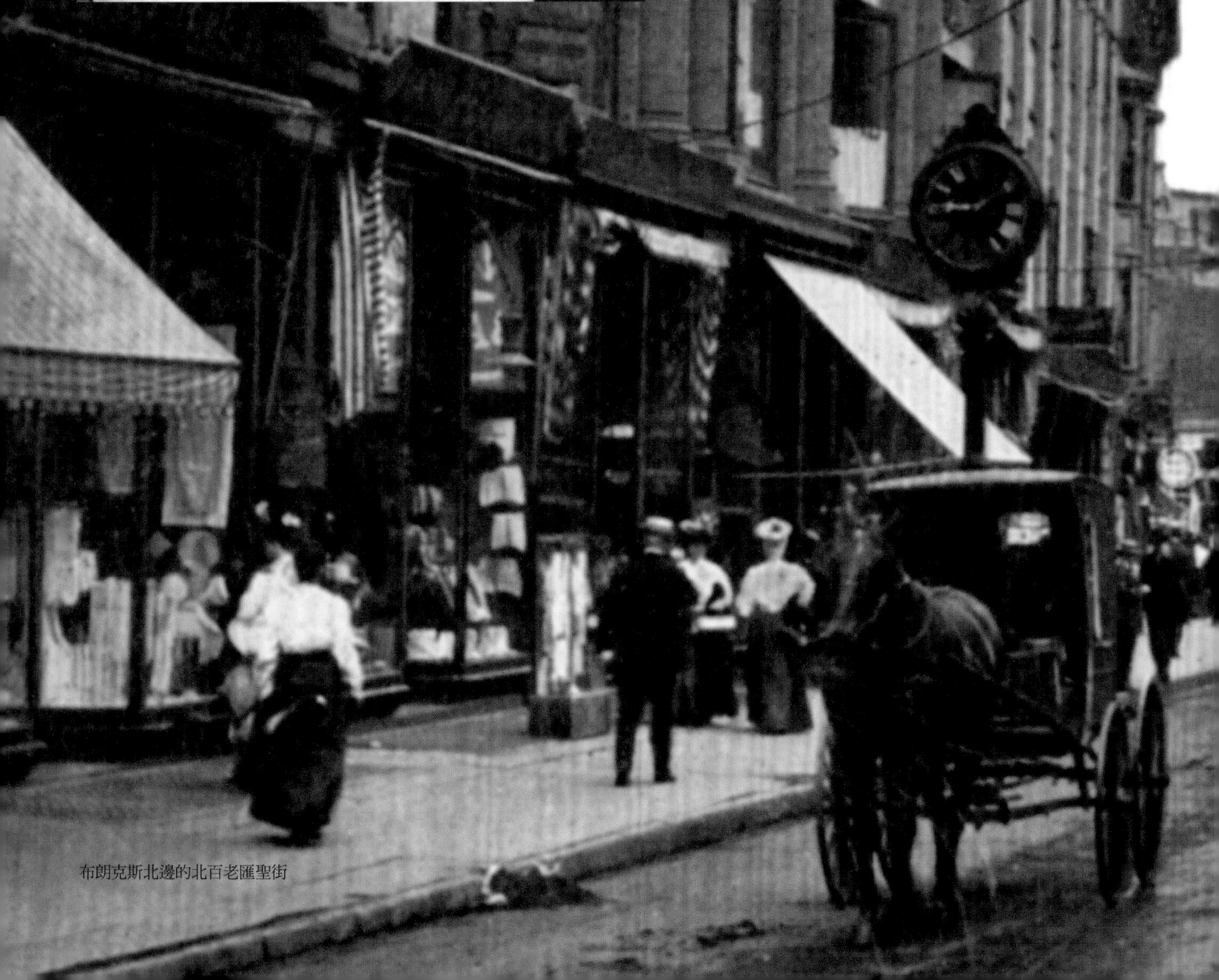

布朗克斯北邊的北百老匯聖街

此刻，那些加諸於我的批評，
我才不在乎。我很忙。我忙透了。
我再也沒時間去聽那些話。

《風沙星辰》（《人類的大地》英文版）

NEW YORK HERALD TRIBUNE BOOK REVIEW,

4

The Book Saint-Exupery Left Behind

Helen K. Taylor

Antoine de Saint-Exupéry, New York, 1942

《紐約先驅者論壇報》標題：
聖艾修伯里留下的這本書

對我而言，不管飛行抑或寫作，
都是一體的。
重要的是要有所行動
並且認清自己的處境。
在同樣的覺醒中，
飛行員與作家融爲一體。
——1939年的訪問內容

我們只能以血來簽名。
——寫給希薇亞・漢米頓的信，1944年於阿爾及爾

用身體書寫——聖艾修伯里與文字

你寫作一如你飛行。用你的腦袋，用你的身體。

ÉCRIRE AVEC SON CORPS
Saint-Exupéry et les mots

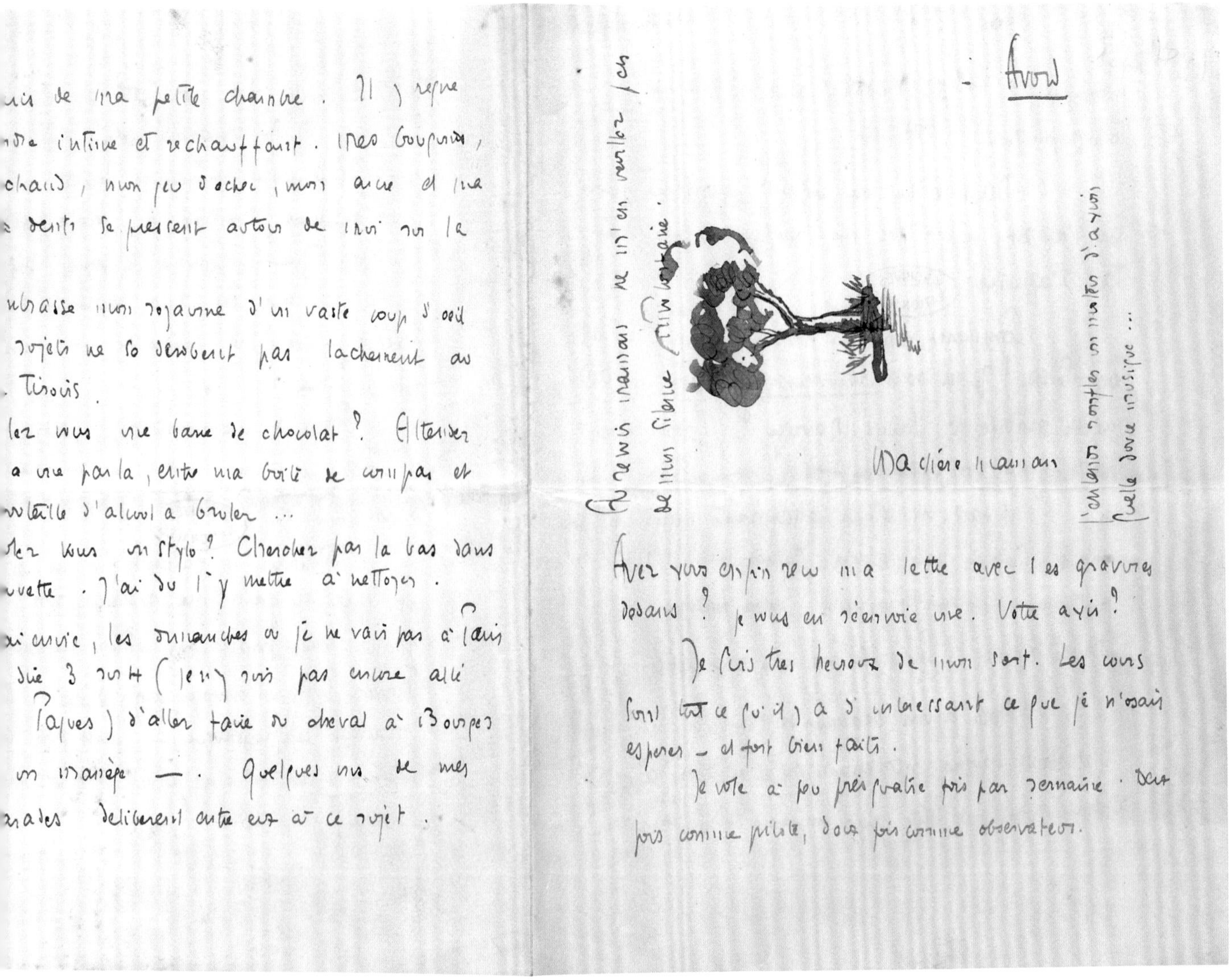

...is de ma petite chambre. Il y règne
...ce intime et réchauffant. Mes couvertures,
chaud, mon pot d'acier, mon arc et ma
... dents se pressent autour de moi sur la

...embrasse mon royaume d'un vaste coup d'œil
...objets ne se dérobent pas lâchement au
... tiroirs.
...lez vous une barre de chocolat? Attendez
...a une par là, entre ma boîte de compas et
...outeille d'alcool à brûler...
...lez vous un stylo? Cherchez par là bas dans
...uvette. J'ai dû l'y mettre à nettoyer.
... les dimanches où je ne vais pas à Paris
...suis 3 sur 4 (je n'y suis pas encore allé
Pâques) d'aller faire du cheval à Bourges
...un manège —. Quelques uns de mes
...rades délibèrent entre eux à ce sujet.

— Avord

Maman ne m'en voulez pas de mon silence prolongé.

Ma chère maman

Avez vous enfin reçu ma lettre avec les gravures
dedans? Je vous en réenvoie une. Votre avis?
Je suis très heureux de mon sort. Les cours
sont tout ce qu'il y a d'intéressant ce que je n'osais
espérer — et fort bien faits.
Je vole à peu près quatre fois par semaine. Deux
fois comme pilote, deux fois comme observateur.

寫作是你的庇護所，藉以對抗存在的焦慮，對抗守候著你的這種不斷的放逐，
不單單只在維葉松、蓋雷，或是某個鄉下旅館房間、紐約某棟摩天大樓的二十五樓，
而是在任何時候、任何地點皆然。你沒在飛行的時候，當你尋覓著那個你永遠找不到的泉源，
也許就在文字、在描述行動的精確字彙中，
寫作的行行字句以它們的方式為你夢想的羽翼
建構出萬般起飛與降落的跑道。

文字的起飛
L'envol des mots

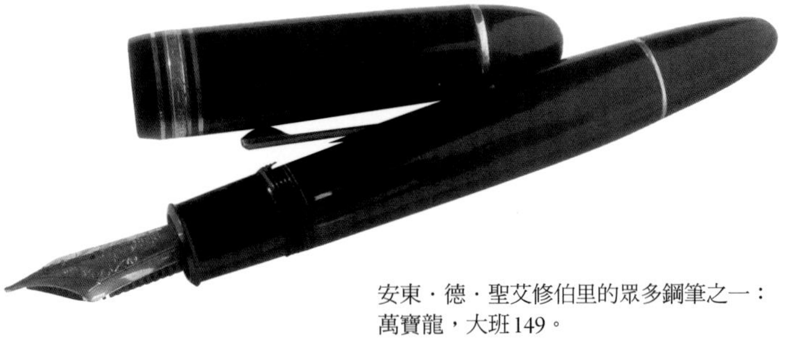

安東・德・聖艾修伯里的眾多鋼筆之一：
萬寶龍，大班149。

如果我找到一個表現自我、將我匯集為一體的格言，
對我而言那就是真理。
——《南方郵件》

若說我模模糊糊地學會寫作，
那是因為我殘酷地看見自己所有的缺點。
從來沒有一個句子得以倖免。我的昔日格言不是瘋話：
我不懂寫作，我只知道修正。
——《戰時手記》

寫作，要不就說修正是什麼？
藉著修正再修正，我向上帝邁進。
——《要塞》

糾纏我並重壓著我的唯一焦慮就是：
我的書在讀者手上會變成什麼？
——1941年9月8日於洛杉磯
寫給奈莉・德・弗桂的信

我藉著文字擁有世界。

——《記事本》

安東寫下《人類的大地》的筆記本手稿

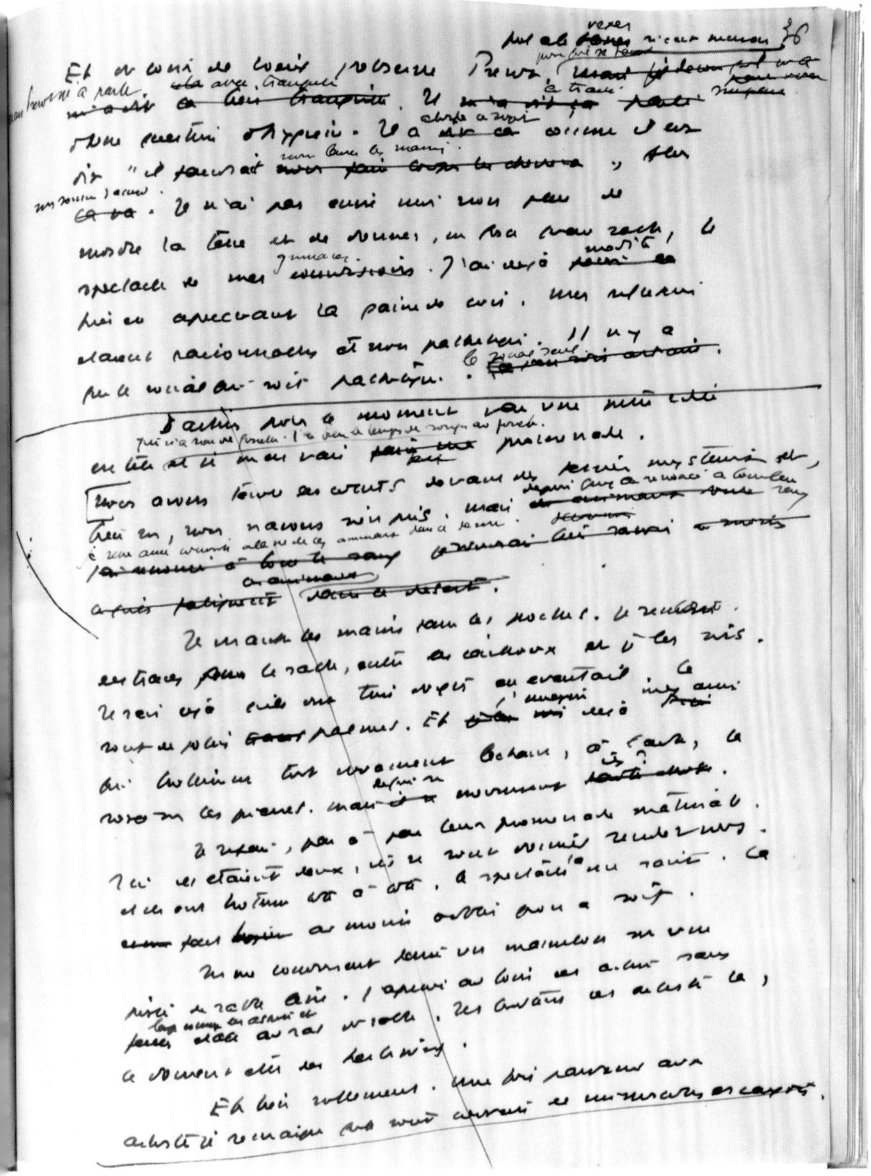

你的文字源自於你童年的根。你不想讓你的文字成為某種技巧的反映、某種造作的成果。
你的文字僅從「是」這個動詞中取得養料，並且提防著「顯得」這個動詞、
以及許多作家在那些你好愛在其中寫作的時髦咖啡館裡提出的所有形容詞。

你用你的肉體寫作，以那幾隻只能適應粗筆桿的笨重手指頭。然後你便這麼加入了信天翁的飛行路線與高度。

寫作或是消失
Écrire ou ne pas être

我打從六歲便開始寫作。把我帶向書本的並不是飛機。我想，假使我是個礦工，我也會到地底下一探究竟。

——《戰時手記》

不需要學習寫作，而是要學習觀看。寫作是結果。必須要問自己「這個印象，我該怎麼讓人感受」，其後，便能深刻描述出那些您所體驗經歷的一切。

——寫給麗奈特的信

先飛行再寫作，而且只在冒過險之後寫作……

——在卡薩布蘭加寫給亨利．孔特醫師的信

我害怕為文學而文學的作品。因為熱烈地活過，我才能夠寫出具體的事實。就是我的職業為我身為作家的義務劃出了界限。

——1942年4月，《新聞報》(*La Presse*)

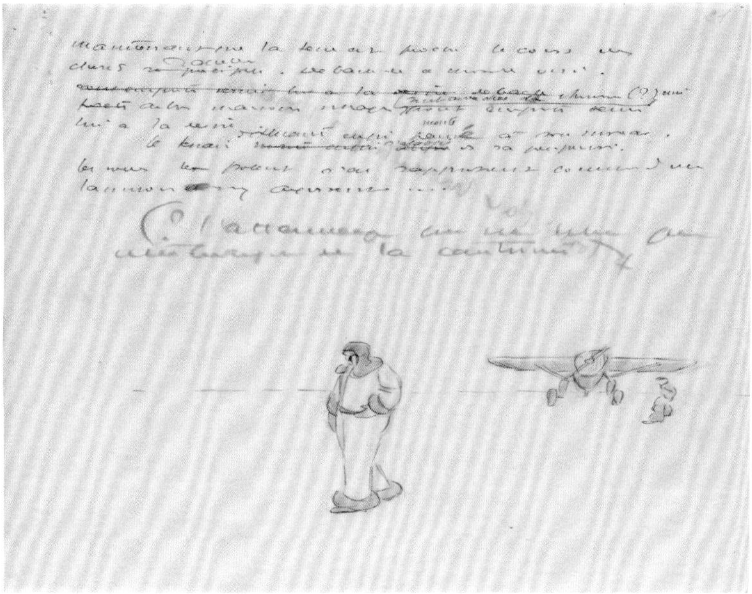

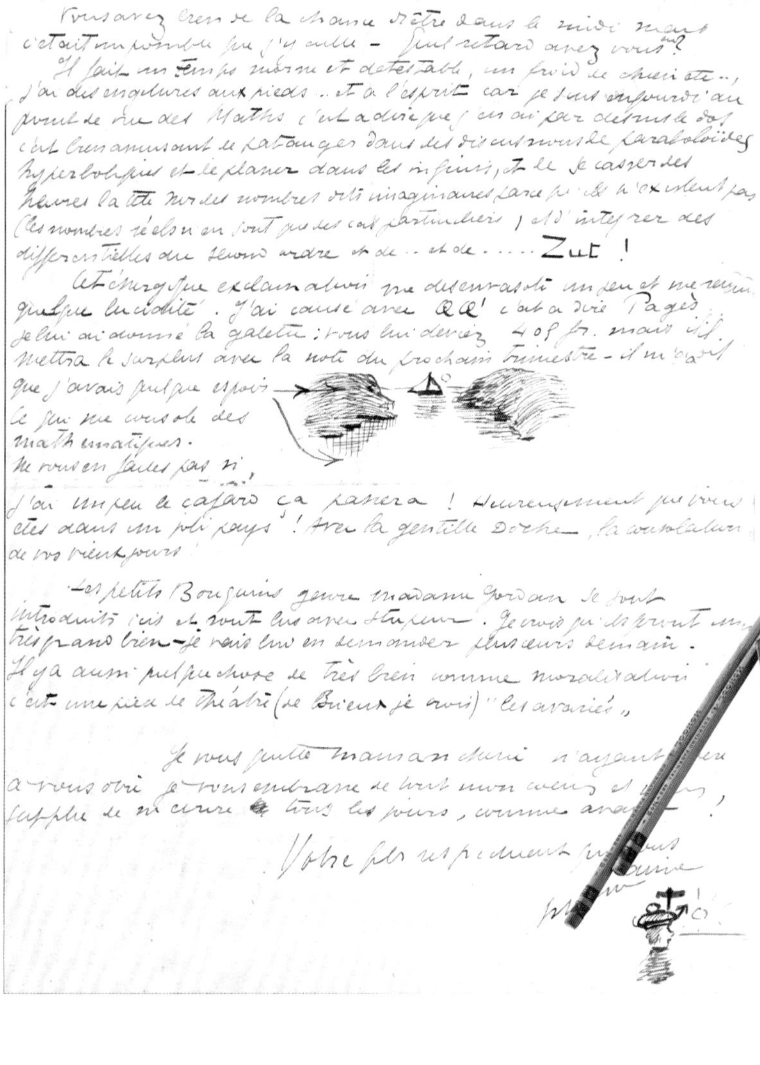

Vous avez bien de la chance d'être dans le midi mais c'était impossible que j'y aille – quel retard avez vous ?

Il fait un temps morne et détestable, un froid de chien etc.., j'ai des engelures aux pieds.. et à l'esprit car je suis aujourd'hui au point de vue des Maths (c'est à dire que j'en ai par dessus le dos) c'est bien amusant de patauger dans des discussions de paraboloïdes hyperboliques et de planer dans les infinis, et de se casser des heures la tête sur des nombres dits imaginaires parce qu'ils n'existent pas (les nombres réels n'en sont que des cas particuliers) et d'intégrer des différentielles du second ordre et de.. et de..... Zut !

Cet énergique exclamation me desserrait un peu et me rendit quelque lucidité. J'ai causé avec [illegible] Pagès je lui ai donné la galette : vous lui devez 40 fr. mais il mettra le surplus avec la note du prochain trimestre – il m'a dit que j'avais quelque espoir le seul qui me console des mathématiques. Ne vous en faites pas [illegible]

J'ai un peu le cafard ça passera ! Heureusement que vous êtes dans un joli pays ! Avec la gentille [illegible], la [illegible] de vos vieux jours

Les petits Bouquins genre madame Gordan se sont introduits ici et sont lus avec stupeur. Je crois qu'ils feront un très grand bien – je vais lui en demander plusieurs demain.

Il y a aussi quelque chose de très bien comme moralisation c'est une pièce de Théâtre (de Brieux je crois) "les avariés".

Je vous quitte maman chérie n'ayant plus rien à vous dire je vous embrasse de tout mon cœur et vous supplie de m'écrire tous les jours, comme avant !

Votre fils respectueusement [illegible] Antoine

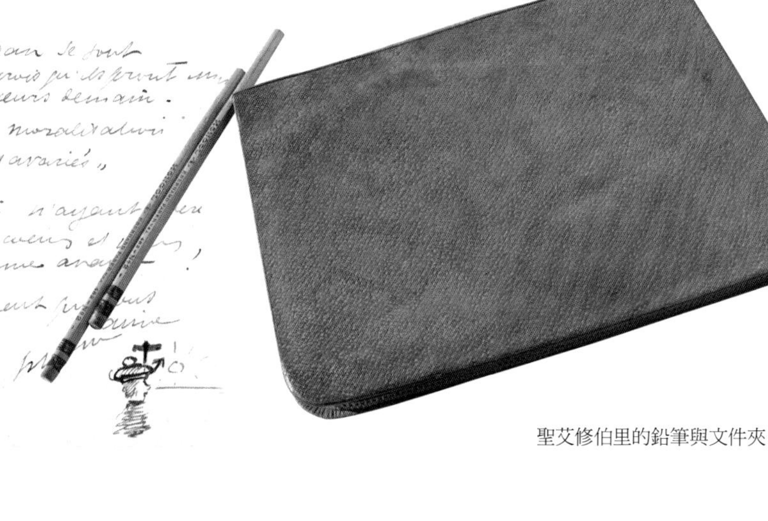

聖艾修伯里的鉛筆與文件夾

寫作的草稿

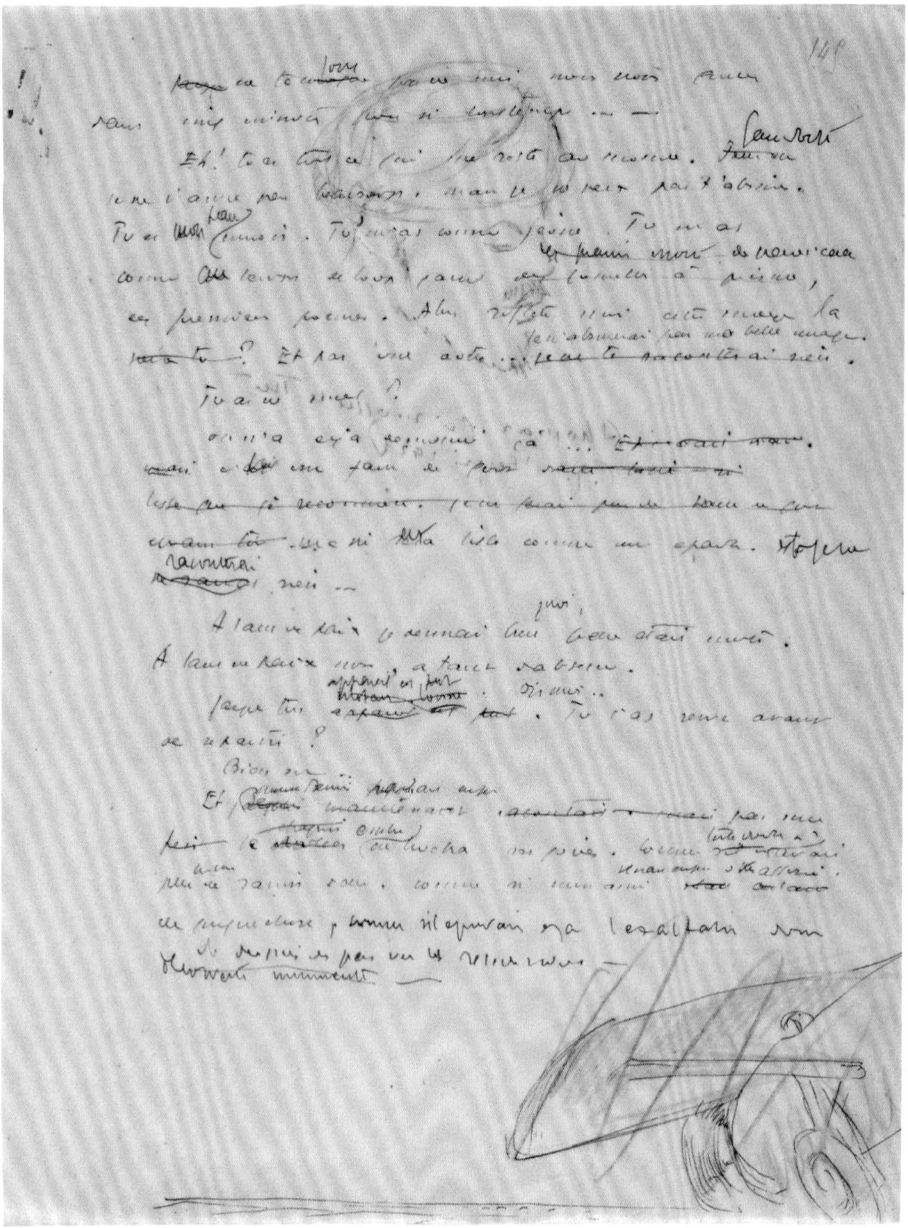

練習

小說進度有一點停擺，不過藉著逼迫自己分分秒秒的觀察，我的內在大有進步。

——1930年1月寫給瑪莉的信

發明一種言語

在寫作之前先令我氣餒的，是我不知道我要說什麼，或者應該說我不知道怎麼在這個未表現出的世界與意識之間建立我的橋梁。那是一種我必須自己發明的言語。

——《記事本》

1927年：《南方郵件》——你在達卡寫下了一件「法國文學期刊的大事」。那是你的第一本小說。
藉著學習面對沙漠沉默的輻射、沙暴或暴風雪、霧氣、酷熱與嚴寒、暴風雨和巨大的孤獨，
你漸漸能夠開始聆聽影像，開始練習這些字眼、航標、閃爍的星星，好在你的機翼與手指之下展開言語的道路。

南方郵件

Courrier Sud

郵政航空公司的飛機，攝於西斯奈洛斯附近的沙漠。

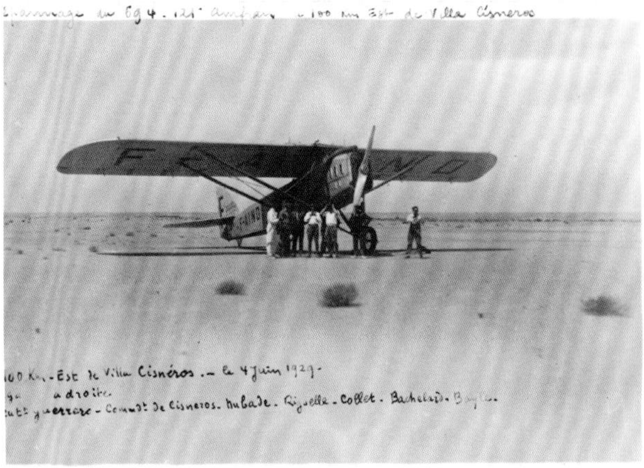

朱比角的堡壘，攝於1919年。

只表達內在生活

日常生活
是那麼無足輕重，
每天都那麼相似；
內在生活
則很難說出口，
講起來有點靦腆。
談論內在生活太自以為是了。
您無法想像我重視內在生活到何種程度，
那是我唯一在乎的事。它改變了所有的價值觀，
甚至改變了我對別人的判斷。如果只是因為廉價的感動，
就說一個傢伙「好」，對我來說是那麼無關緊要。
要在我寫的東西裡尋找我原本的樣貌，而我所寫的，
是我的思考與觀察經過深思熟慮的審慎結果。
所以，不管是在我安靜的房間裡還是在飯館中，
我都能與自己面對面，避免文學的公式與造作，
努力表達自己，於是我感到誠實又認真。
我再也無法忍受以打動人為目的而寫的東西，
還有平空想像的虛偽視角。我曾經喜歡過一大堆作者，
因為他們帶給我一種太過簡單的精神樂趣，
那就好像令您討厭的那種咖啡館音樂會的旋律，
但我現在實在看不起他們。

—1925年於蒙呂松寫給瑪莉的信

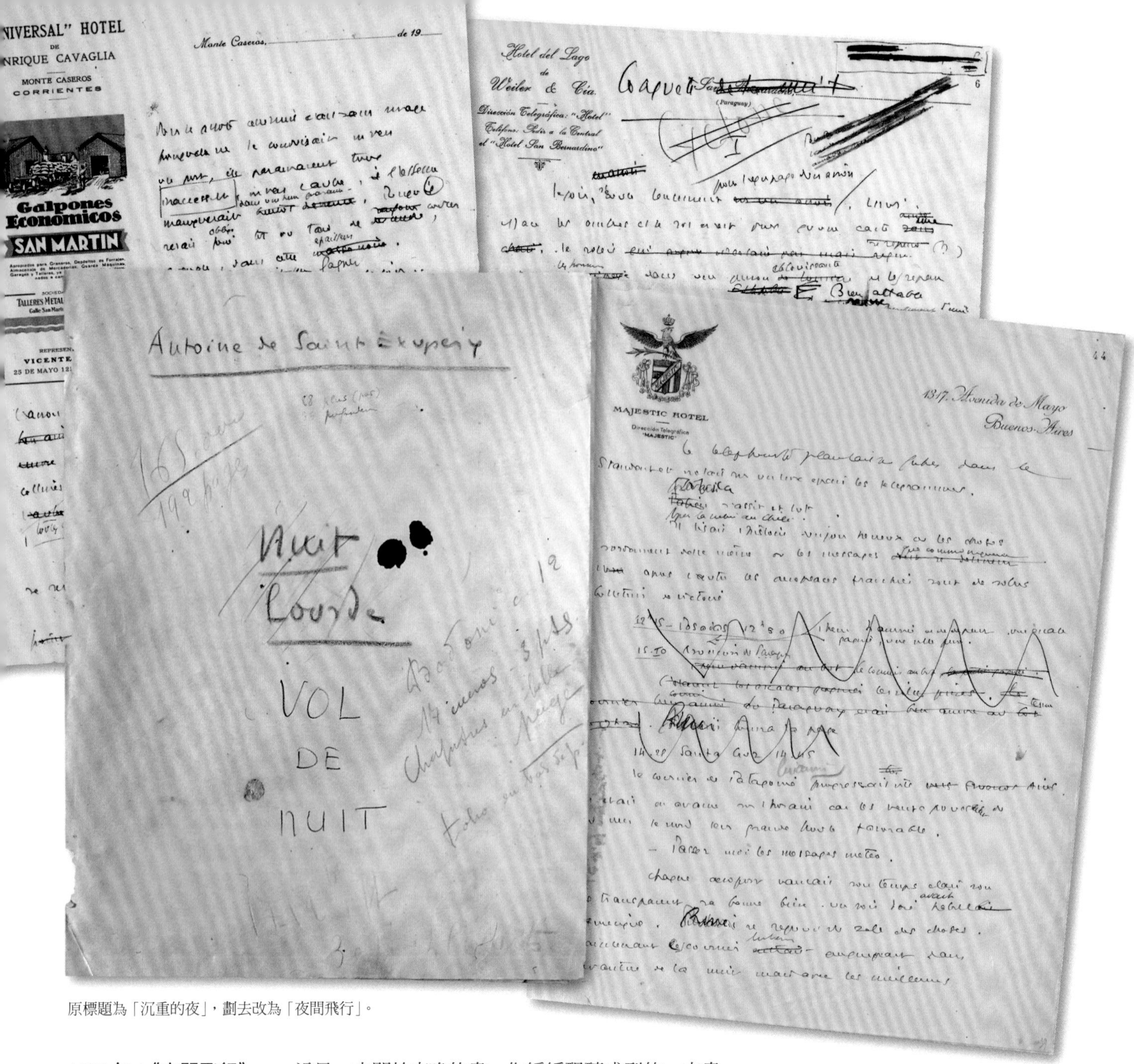

原標題為「沉重的夜」，劃去改為「夜間飛行」。

1930年：《夜間飛行》——這是一本關於夜晚的書。你緩緩醞釀成型的一本書，你認為它會是美好的作品。一本生命之書，談論與你童年為友的夜晚，還有那些具有修護效用的夜晚，長久以來持續慰藉著被現代世界所放逐的你。一本死亡之書，關於跟飛行員為敵的夜晚。關於飛行員所挑戰並勇敢面對的那些夜晚，有時候卻吞噬了飛行員。

夜間飛行
Vol de nuit

1939年，法國榮譽軍團軍官勳位勳章。

獲費米娜文學獎之賀電

與兩名記者攝於立普啤酒屋。

一本關於夜晚的書

我並不很確定自童年以來我有好好活過。
現在，我在寫一本關於夜間飛行的書。
不過就其私密的意義而言，
這是一本關於夜晚的書
（我以前從來沒經歷過晚上九點以後的生活）。

——1930年寫給瑪莉的信

一本毫無造作的書

我已開始寫一本小說。你會覺得很棒的。已經有一百頁了，
只是我對這本小說存有疑慮。我不知道我表達的是否夠清楚。
我衝撞著抽象，我有朝抽象流浪的傾向。這點也許源自於我永恆的孤獨。
我盡我所能地刪掉那些因此而生的段落……
總之，我要做自己。這會兒我有一點靈魂出竅。
我找不到自己了。我好像待在候客室裡似的。

我讀了紀德的文章。我一直具有同樣的印象。首先是一種拚命努力去描繪事物的印象，想要為之賦予一種捷徑。不過事物永遠不會從中湧現。隨著他的碰觸，他便逐漸將事物掩蓋。刪去動詞與冠詞並不會賦予捷徑，那是造作。就像我才不在乎流亡在非洲海上的紀德注意到從左邊飛來的燕子往右邊飛去。我很清楚身在非洲的紀德先生也是會小便的。我從中找不到任何能夠賴以維生的東西。這傢伙對我的影響如一具骷髏。我不在乎他的態度。

當我們以為找到一些美麗的公式時，我們錯了，因為我們在其吸引力之下妥協了，儘管必須稍微扭曲思緒也要套進公式。要不就是我們不再只依照環境氛圍去研究我們的變化。我們所缺乏的是某種捨棄。

我覺得保羅．瓦樂希的散文很荒唐。讓人以為思想具有某種數學性，賦予句子微分方程式的調性。這麼做激發不出我一丁點興趣。

——1928年寫給依芳．德．勒斯特朗芝的信

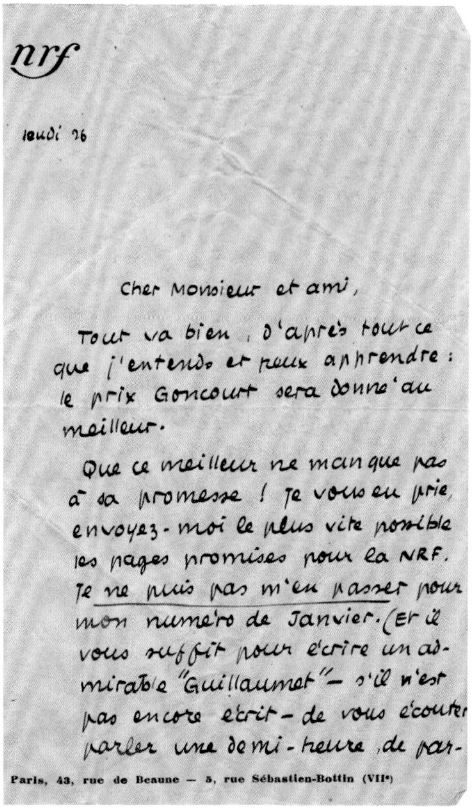

nrf

Jeudi 26

Cher Monsieur et ami,

Tout va bien, d'après tout ce que j'entends et peux apprendre : le prix Goncourt sera donné au meilleur.

Que ce meilleur ne manque pas à sa promesse ! Je vous en prie, envoyez-moi le plus vite possible les pages promises pour la NRF. Je ne puis pas m'en passer pour mon numéro de Janvier. (Et il vous suffit pour écrire un admirable "Guillaumet" — s'il n'est pas encore écrit — de vous écouter parler une demi-heure, de par-

Paris, 43, rue de Beaune — 5, rue Sébastien-Bottin (VIIe)

1931年寫給尚．柏隆，關於龔固爾獎的信

《戰鬥飛行員》扉頁，伯納．拉摩特繪。

如更夫般，他在夜的深處發現黑夜向人展示著一些東西：
那些召喚、那些燈光、那種不安。黑暗中那顆單純的星星：
一棟房子的孤立。一顆星星熄滅了，就是一棟把愛情關在屋外的房子。
或是把厭倦關在屋外的房子。一棟停止向外界發出訊號的房子。
這些支肘在燈前蹉跎的農夫不知道自己在期望什麼，
他們不知道自己的欲望會傳到那麼遠，
竟傳到關住他們的巨大黑夜之中。
但是法比安發現了那份欲望，當他來自千里之外，
當他感覺到如深海巨浪般波濤洶湧的風
讓在呼吸的飛機上升又下降，
當他像穿越過十個暴風雨，宛如穿越戰亂中國家那樣，
他穿越暴風雨之間月光照亮的空隙；
當他以征服者的心情，一盞又一盞地飛過那些燈光。
那些人以為他們的燈只是為照亮簡陋的桌子，
卻沒想到在離他們八十公里外的地方，
已經有人被這點燈光的召喚所感動，
就好像他們絕望地面對大海時，
被一座荒島的燈火重新燃起了希望。

——《夜間飛行》

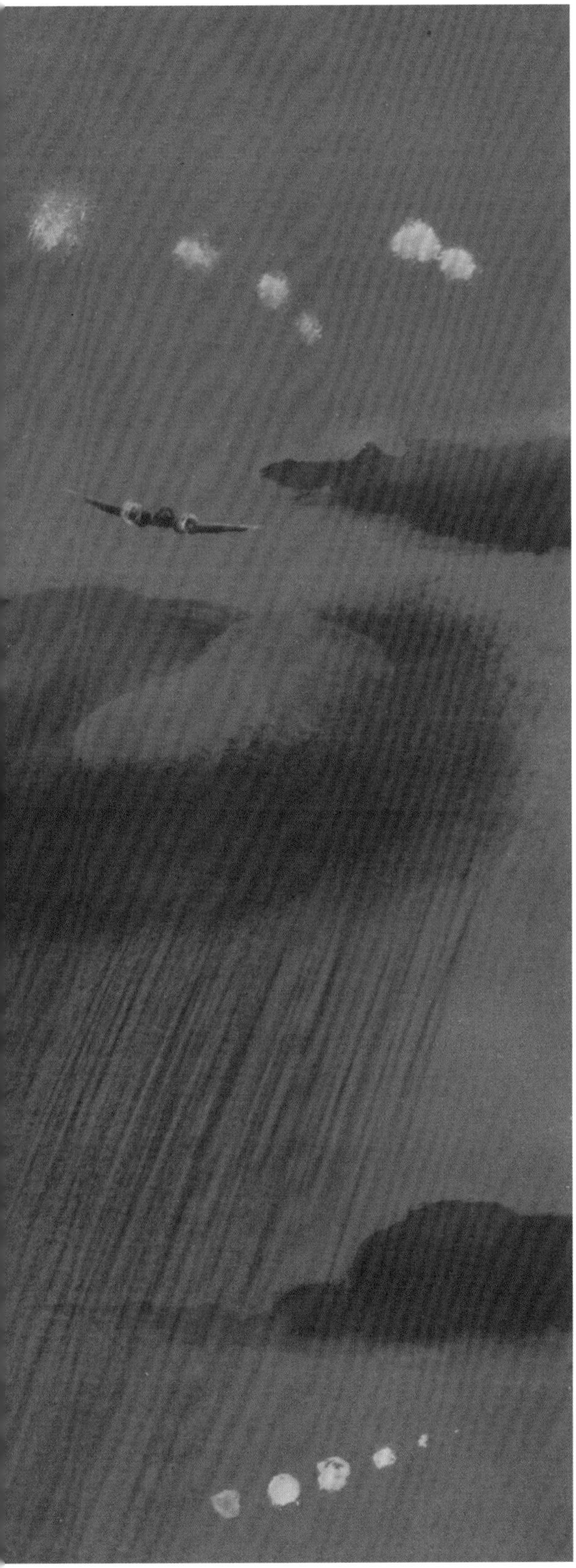

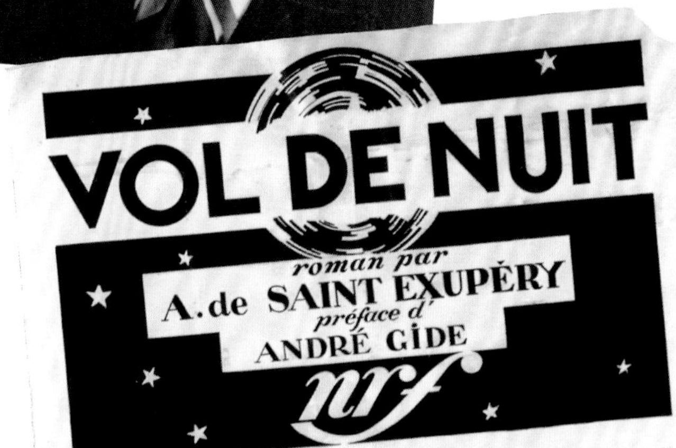

法國文學期刊出版社為《夜間飛行》所做的小廣告：
《夜間飛行》——
安東．德．聖艾修伯里的小說、紀德作序。

1932年由阿爾古團隊所拍攝的人像照，
這家由拉克華與科塞特．哈爾寇
創建的公司後來又改名為阿爾古工作室。

Terre des hommes
人類的大地

1936年：《人類的大地》——是一系列關於人類土地的報導。
飛越大地，學習如何當個專業飛機駕駛員的同時，你也繼續學習該如何當個作家。
因為你翱翔其上的景色所教你的比書本教你的還要多，你成為追捕意義的人，
隨著你的冒險，隨著你朋友梅莫茲、紀堯梅的不幸事故。
你的字裡行間承載著沙漠之沙、山脈之雪，以及狂濤大海的泡沫。

在聖塔克魯茲起飛的法爾曼型飛機

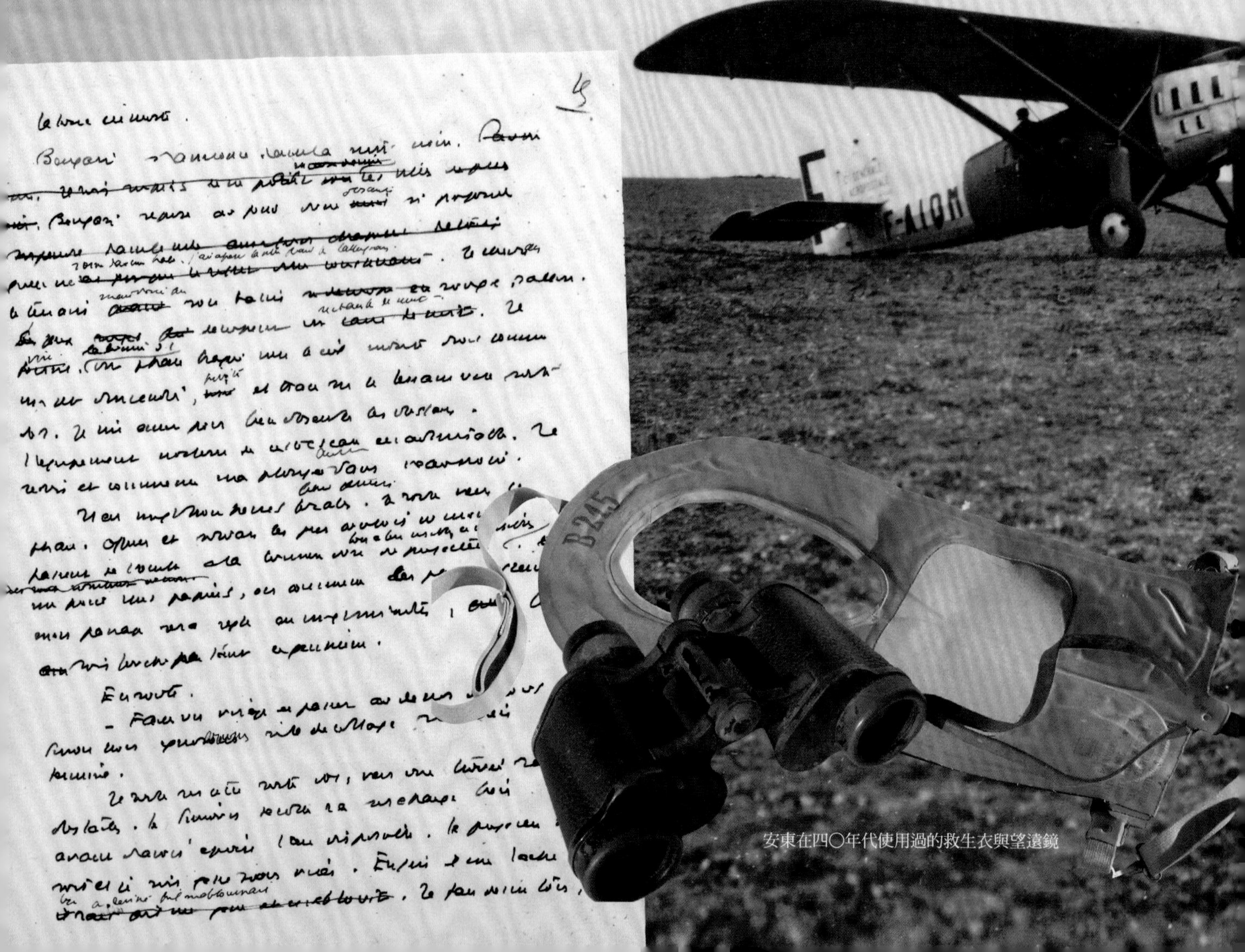

安東在四〇年代使用過的救生衣與望遠鏡

忘卻自我

情緒。造作的憐憫。其中令人驚訝、
誘人之處很可能是虛假的。
理解的首要特質是某種漠然，
某種對自我的忘卻。
世人像使用起重機似的
運用著科學、藝術、哲學……

——1926年寫給麗奈特的信

我已找到了泉源。
我就是需要它，才能自旅行中歇息。
它就在這裡：就是其他人……

——《南方郵件》

《風沙星辰》(《人類的大地》英文版)

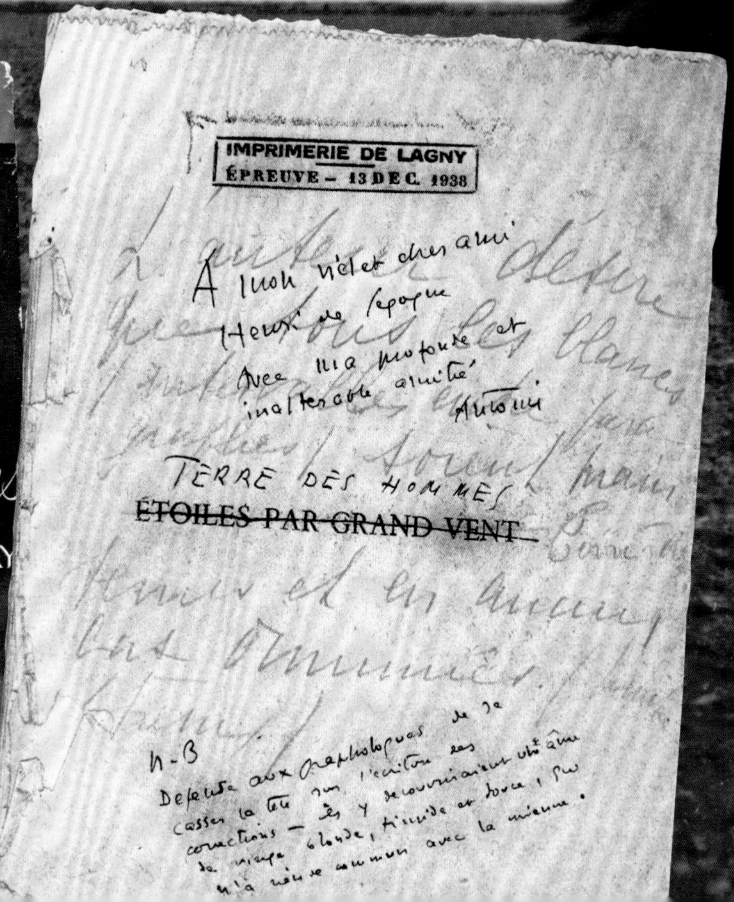

（原標題為「狂風星辰」，確定書名為《人類的大地》，劃去改為「人類的大地」）

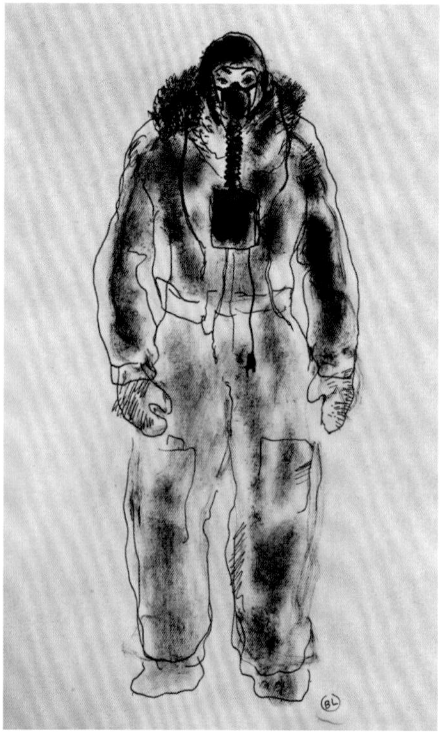

1939年－1941年－1942年：《戰鬥飛行員》——

藉著飛越失去臟腑的法國上空，俯瞰潰退的法國人民
在永無止境的疲憊與煩惱中急得跺腳，
藉著進入阿拉斯這個地獄，
德國大砲與地對空飛彈的射擊粉碎了你的堅實外貌。
你乍然明白，你所居住的地方再也不是人類的社群。
你明白了：太久以來，
自己以虔誠教徒或是租椅者的身分居住其中。
以寄生蟲的身分。以戰敗者的身分。
你只不過是自己人生性情乖戾的代理人。人出現了。
人在你的位置上安頓下來。彷彿從睡夢中走出來，
你開始重新看見那些你單單只是不再觀看的事物。
你重新發現了其他人。
薩貢、杜特、潘尼可、奧斯帝、亞里亞士、以撒亞
與其他的人：你的朋友、戰友與患難之交。

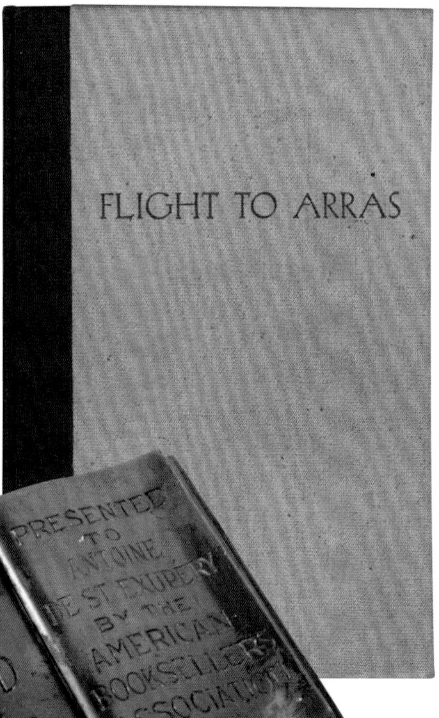

《戰鬥飛行員》從未發行的出版商裝訂樣本，本書的最初版本。

戰鬥飛行員
Pilote de guerre

美國書商協會於1939年
頒給聖艾修伯里的國家圖書獎獎座。

伯納·拉摩特為《戰鬥飛行員》所做的插畫。

以身體寫作

目前，假使沒有完全參與其人類同胞之痛苦，
沒有人有權寫一個字。
如果我不是以自己的生命去抵抗，
我便沒辦法寫作。而且對於這個戰爭而言
是真實的東西就該在任何層面都保持真實。
必須要為聖言的基督教思想服務，
也就是人性。若人們該寫，就要以身體寫作。

——1940年6月7日接受《紐約論壇報》之陶樂絲·湯普遜訪問

人不能假裝思考

我無法把想法當作網球或是世俗的籌碼看待。
我不具有一丁點世俗性。人不能假裝思考。

——1926年寫給麗奈特的信

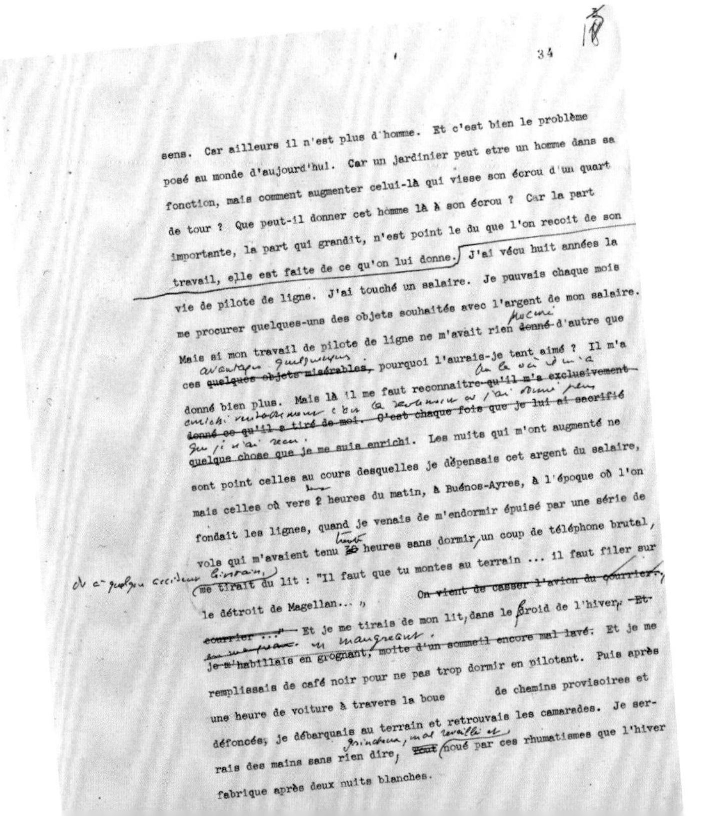

34 18

Et c'est bien le problème
sens. Car ailleurs il n'est plus d'homme. Car un jardinier peut etre un homme dans sa
posé au monde d'aujourd'hui. mais comment augmenter celui-là qui visse son écrou d'un quart
fonction, Que peut-il donner cet homme là à son écrou ? Car la part
de tour ? la part qui grandit, n'est point le du que l'on recoit de son
importante, elle est faite de ce qu'on lui donne. J'ai vécu huit années la
travail, vie de pilote de ligne. J'ai touché un salaire. Je pouvais chaque mois
me procurer quelques-uns des objets souhaités avec l'argent de mon salaire.
Mais si mon travail de pilote de ligne ne m'avait rien ~~donné~~ d'autre que
ces ~~quelques objets misérables~~, pourquoi l'aurais-je tant aimé ? Il m'a
donné bien plus. Mais là il me faut reconnaitre ~~qu'il m'a exclusivement~~
~~donné ce qu'il a tiré de moi. C'est chaque fois que je lui ai sacrifié~~
~~quelque chose que je me suis enrichi~~. Les nuits qui m'ont augmenté ne
sont point celles au cours desquelles je dépensais cet argent du salaire,
mais celles où vers 2 heures du matin, à Buénos-Ayres, à l'époque où l'on
fondait les lignes, quand je venais de m'endormir épuisé par une série de
vols qui m'avaient tenu ~~30~~ heures sans dormir, un coup de téléphone brutal,
me tirait du lit : "Il faut que tu montes au terrain ... il faut filer sur
le détroit de Magellan..." ~~On vient de casser l'avion du courrier~~.
~~courrier ..."~~ Et je me tirais de mon lit, dans le froid de l'hiver. ~~Et~~
~~je m'habillais en grognant, moite d'un sommeil encore mal lavé~~. Et je me
remplissais de café noir pour ne pas trop dormir en pilotant. Puis après
une heure de voiture à travers la boue de chemins provisoires et
défoncés, je débarquais au terrain et retrouvais les camarades. Je ser-
rais des mains sans rien dire, ~~tout~~ noué par ces rhumatismes que l'hiver
fabrique après deux nuits blanches.

安東寫給李歐．韋泰的信

李歐．韋泰

反猶太宣傳海報。內容為：猶太人在暗中殺人，
把他們標上記號，好辨認出他們。

1941－1945：**《寫給一位人質的信》**——能夠解放你的正是別人的微笑。
你走進他們的微笑，宛如走進自由的新國度。尊重他人。尊重人。讚頌朋友。
讚頌李歐．韋泰，你把我的故事題獻給他。讚頌人質。你走向他。你在他身上感到純淨。
你先對你這位猶太人朋友說話，然後才透過我對地球上的所有人說話。
你明白這個道理已經很久了：只有集結起我們的不同，才能讓我們豐富。

寫給一位人質的信
Lettre à un otage

以血簽名

有人責怪我住在紐約。有人辱罵我。
所以今天我挺高興能夠以我的肉身直到骨髓
來證明我的純粹清白。我們只能以血簽名。

——**1944年於阿爾及爾寫給希薇亞．漢米頓的信**

而在今天，因為全境淪陷之故，法國整個國家與人民全陷入了沉默，
就好像一艘熄滅了所有動力的船艦，我們不知道這艘船是否
能夠在海難中存活下來，我所愛的每一個人的命運
所帶給我的折磨，都比我身上的痼疾還要令我難受。
我發覺自己在本質上因他們的脆弱而受到威脅。

——**《寫給一位人質的信》**

對人的尊重！對人的尊重！假使對人的尊重建立在人們的心中，
人們最後終會回頭建立專為這種尊重而設的社會、
政治或是經濟制度；一種主要建立在實質上的文明。這個文明，
主要是人心中對於某種熱誠的盲目渴望。
人隨後便會在不斷的犯錯中找到這條通往火種的道路。

——**《寫給一位人質的信》**

《寫給一位人質的信》原版書

1943年：《小王子》——飛越阿拉斯的上空之後，
你有了敘述我們的相遇與我們的故事的需要。
我這個人物縈繞在你的草稿、信件和塗鴉之上已經有好長一段時間了：
餐館的餐巾紙、桌布與菜單上、信封背面、各式各樣的紙緣空白上。
然後你賦予我聲音，好賦予我生命。我的線條愈來愈清晰。
我的輪廓逐漸精緻。我開口說話。

小王子
Le Petit Prince

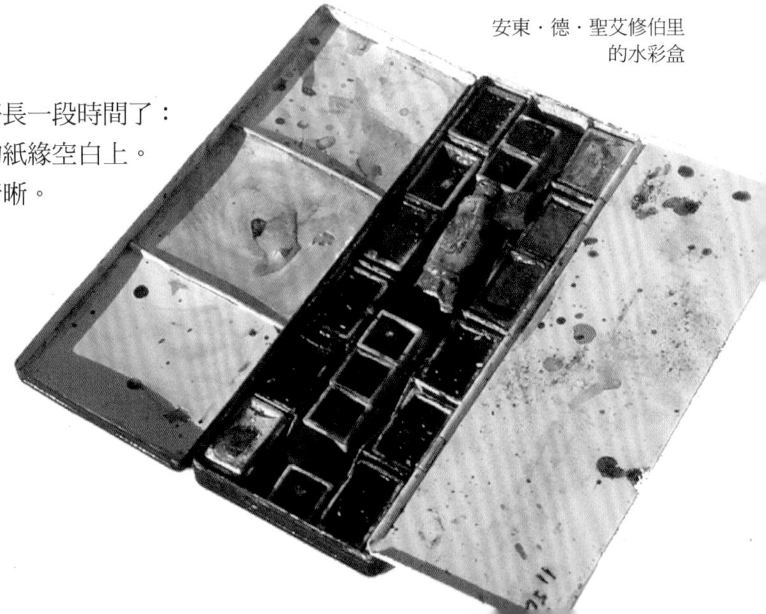

安東·德·聖艾修伯里
的水彩盒

丟入大海的瓶子

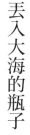

這幅景色，對我來說，是世界上最美麗也最憂傷的景色。
這幅景色與前一頁一模一樣，
不過為了讓你們看清楚，我又再畫了一次。
就是在這裡，小王子在地球上出現，然後又消失了。
請你們仔細看看這一景，如此一來，
假使有一天你們去非洲的沙漠旅行，
就肯定能認出這個地方來。然後，
如果你們真的有機會經過這裡，
我懇請你們，不要匆匆趕路，
在星光下等一會兒！
要是有個孩子向你們走來，
要是他笑著，要是他有金色的頭髮，
要是別人問他什麼他都不回答，
你們就能猜到他是誰了。
不過到時候可要請各位行行好！
別讓我再這麼悲傷下去：
趕快寫信告訴我說他又回來了……

——《小王子》

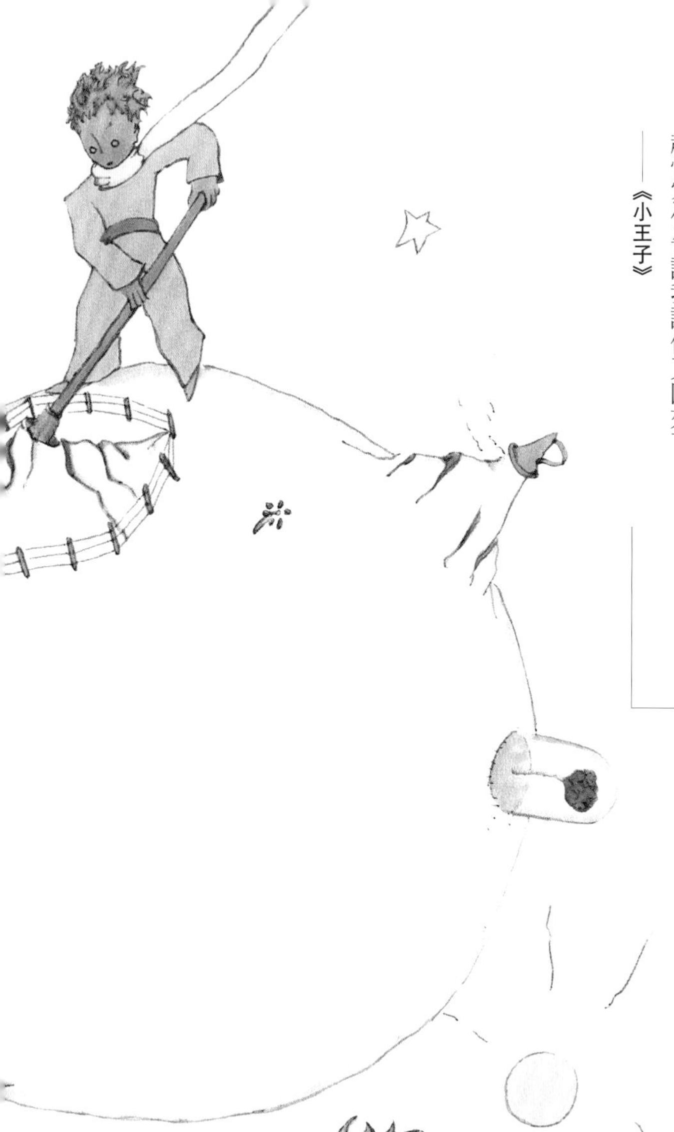

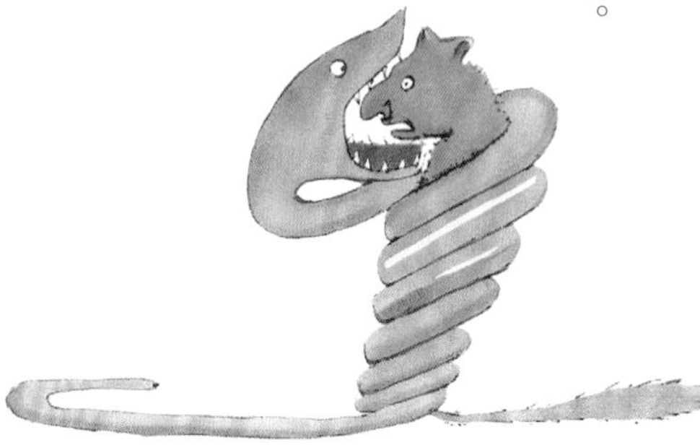

我會安排詩人與教士領導我的城池。

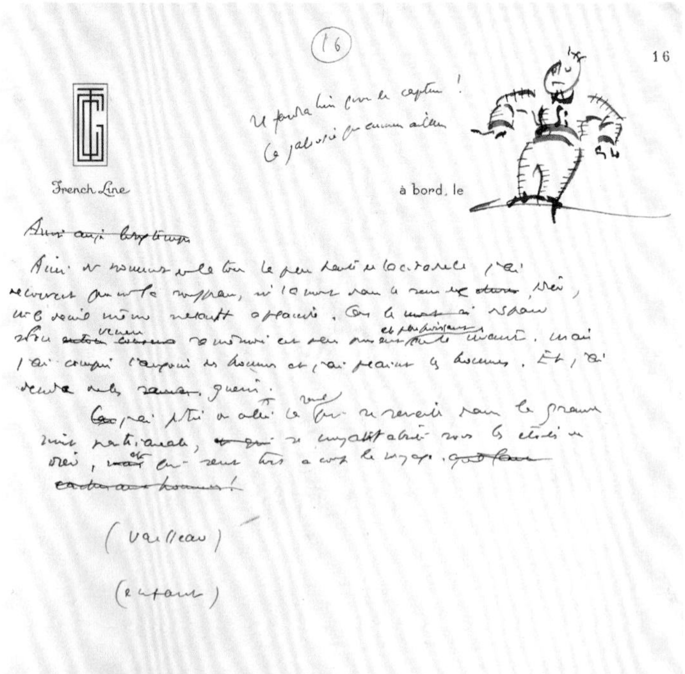

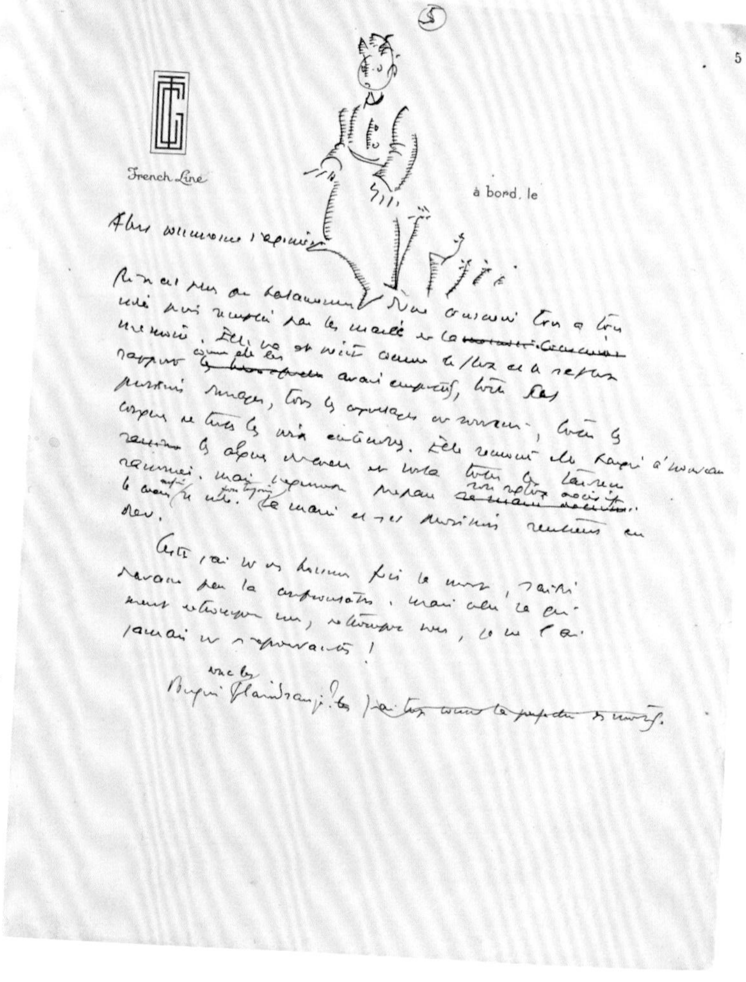

1936年－1944年：《要塞》——

要從人類自己的手中拯救他們，賦予他們意義。
喚醒在他們的渣滓之下悶頭沉睡的大天使。
《要塞》是你的詩歌，你的聖經，
你未完成的遺囑。
八年的工夫，九百多頁的「原礦」。
假使人生給你時間，
你原本還想要至少繼續再琢磨個十年，
直到耗盡力氣為止。你是那麼想要「有所建樹」。

要塞
Citadelle

言語的結

要感動我，就必須把我牢繫在你言語的連結中，這就是為什麼風格具有神聖的作用。你加諸在我身上的是你的架構，還有與世人完全不同的、你生命本身的動作。假使每個人都談論過星星、泉水、山脈，卻沒人告訴你要攀登山脈才能在星星之泉飲到它們純淨的奶水。

不過如果碰巧這句話出自某種言語，那麼我便什麼也沒創造，也沒有帶來任何鮮活之物。如果這句話不是應該每天使用的，那就不要讓它成為你的負擔，因為不能用在每晚的祈禱中的就是虛假的神明。不過如果啟發你的影像確實存在，那會是山脊，其下的風景井然有序。上帝的禮物。賦予它一個名字好將之記下。

——《要塞》

上帝的手指

就是在那個時候，我明白：辨識出雕像的微笑或風景的美麗或是廟堂的沉默的這個人，他發現的是上帝。因為他超越物體取得了關鍵，超越文字聽見讚美詩，超越夜晚與星辰體會到永恆。因為上帝首先便是你言語的意義，而你的言語若有了意義，便會向你展現出上帝。因為幼兒的淚水若能打動你，便是對著大海開啟的天窗，因為那時在你身上激起反應的不是這幾滴孤單的淚水，而是所有的淚。孩子不過是拉起你的手教導你的人。

主啊，為什麼您定要我穿越沙漠？我在荊棘之間受苦。只要您的一個徵兆，沙漠就會變容，讓金沙、地平線與溫和的大風不再是互不連貫的總和，而是我會在其中興奮激昂狂熱的浩瀚帝國，而且如此一來我便知曉透過它來閱讀您。

我覺得倘若上帝隱身不現，顯然是因為要在祂的缺席中讀到上帝。因為祂對水手而言意謂大海，對丈夫而言意謂愛情。但是有時候水手還是會問「為何是大海」、丈夫會問「為何是愛情」，然後讓自己陷入煩惱。他們什麼也不缺，只缺了連結事物的神聖關鍵。於是他們便什麼都缺。

「假使上帝自我的同胞中退出了，」我心想，「一如他自我身上退出了，我會讓他們變成蟻窩中的螞蟻，因為他們會清空一切的熱忱。當骰子失去了意義，就再也沒有遊戲的可能了。」

——《要塞》

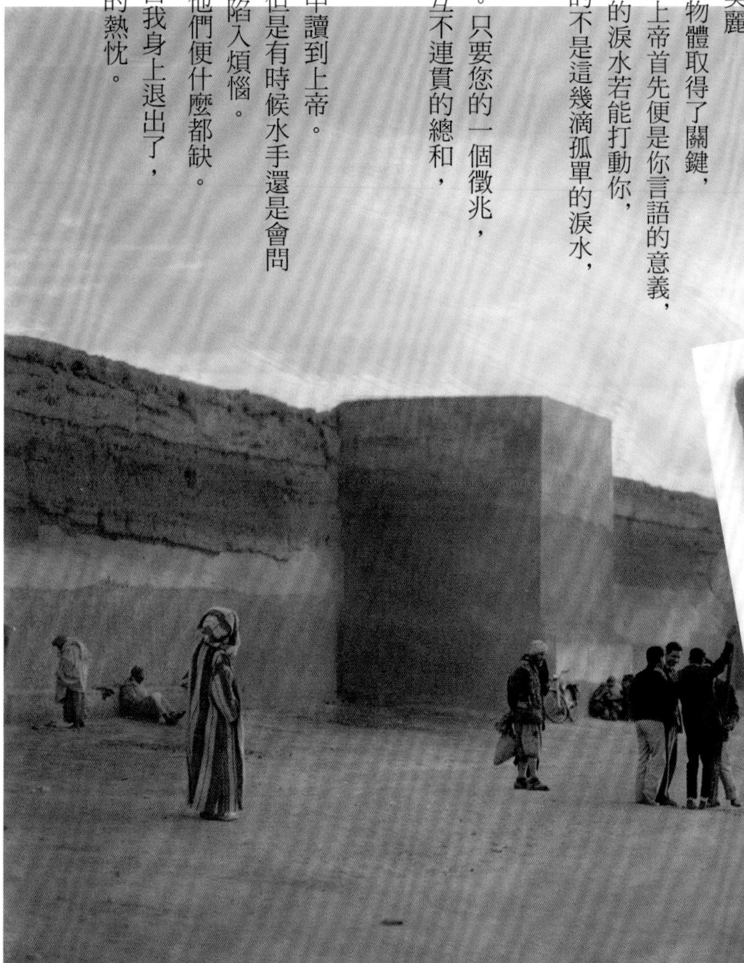

1950年伽里瑪出版社出版《聖艾修伯里全集》時，由安德烈．德朗為《要塞》所繪製的插圖。

1936年－1938年：1936年，巴黎到西貢。
1938年，紐約到火地島。你的長程飛行冒險的結局都很慘，
每一次都落得飛機墜毀，不論是在利比亞的沙漠，
還是在瓜地馬拉市附近。於是你便讓自己試試其他種類的遠征：
以特派記者的身分，遠征前往蘇聯或是內戰期間的西班牙。

特派記者

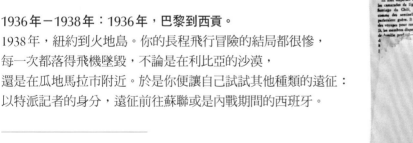

Grand reporter

在這裡，他們開槍掃射，彷彿手下砍殺的只是棵樹似的

我們不是白蟻。我們是人。數量法則或是空間法則不能用在我們身上。閣樓裡的物理學家靠著他的計算斟酌著一個城市的重要性。夜裡醒過來的癌症患者具有人類痛苦的本源。單單一個礦工也許抵得上一千個人去送死。我再也不知道，當問題攸關人類時，要怎麼去做這番可怕的計算。如果有人對我說「跟一整國的人民比起來，這幾十來個受害者算什麼？跟一個繼續生存的城市相較之下，這幾座燒燬的神廟又算什麼……巴塞隆納的恐怖之處在哪裡」，我拒絕做這樣的估算。我們無法丈量人類的帝國。把自己禁閉在修道院、實驗室抑或自己的愛情中的人，外表上離我只有兩步遠，事實上卻顯露出西藏人般的荒僻，即便我用盡任何方法也難以企及。要是我毀壞這幾道可憐的圍牆，我便不會知道哪一種文明在前一刻永遠地陷落了，如亞特蘭提斯那樣，沒入海底。在圍起來的田地裡捕獵小山鶉。被親兄弟毆打的少女。不，讓我感到恐怖的並非死亡。當死亡與生命緊緊相連結的時候，我覺得死亡幾乎是甜美的；我樂於想像，在那個圍牆內的禁地中，死亡之日甚至等同歡慶之日……然而這份對於人類本身價值全然醜陋的遺忘、這些屬於代數家的辯解，卻是我拒絕接受的。人類不再尊重彼此。像沒有靈魂的執達吏那樣，他們讓一件家具在風中灰飛煙滅，卻不知道自己正在消滅一個王國……就是這些委員會，以一改再改的標準為名，賦予自己淨化的權力。就是這一個將軍，統領著手下的摩洛哥人，心安理得地把好幾群人判罪，與某個打壓分支教派的先知並無二致。在這裡，他們開槍掃射，彷彿手下砍殺的只是棵樹似的……在西班牙境內，有群眾在運動，然而個人這片宇宙卻在礦井的底部，徒然地呼喚求救。

——1936年8月19日，《不妥協者報》

彈雨之下

子彈砰砰作響自我們頭上飛過，
我們挨著這面沐浴在月光下的牆前進。
低低飛過的子彈射到公路左側的護堤上。
就這樣，儘管這些硬生生的巨響，
儘管距我們前方與側邊一千公尺處
正有一場戰鬥呈馬蹄形發展，同行的中尉與我
卻在這條白色的鄉間小路上感覺到無比平靜。
我們大可歌唱，我們大可歡笑，
我們大可擦亮火柴，沒有人會注意到我們。
我們跟那些前往隔壁村趕集的農人沒什麼兩樣。
再往前走一千公尺，殘酷的現實便會自動將我們
置於戰爭的黑色棋盤之上；然而在此處，
置身遊戲之外，被遺忘的我們彷彿正在逃學。

——1937年6月，《巴黎晚報》

S ET ESCALES
ine du monde
E JAMAIS
MARCHÉ LA...
ateau vierge
e mystérieux
autre monde
par Antoine de Saint-Exupé...

De notre envoyé spécial
ANTOINE de SAINT-EXUPERY
RID
guerre
front de Carabancel
gent, pourquoi acceptes-tu de mourir ? »

MADRID, Juin 1937.
Nous avons repris notre marche vers les premières lignes de Carabancel. En demi-cercle, autour de nous, le front est animé par une fusillade lointaine, incohérente, universelle, semblable aux évanouissements et aux retours de gasements et aux retours de galets roulés par la mer. Parfois la contagion du tir s'allonge, à la façon d'une flamme de ...

我們迷失在世界的邊陲，
因爲我們已經知曉：
旅行首先就是變換軀體。
——《南方郵件》

內在旅行——聖艾修伯里與冒險

1926年：瘋狂年代的巴黎持續放縱著……幸運女神似乎再度對你微笑。
你在阿德麗安娜．莫尼耶的雜誌上發表了你的第一篇短篇小說〈銀色船艦〉。
拜蘇篤神父的人脈之賜，他設法讓你重返飛行的神奇世界。
少了飛行的人生，對你而言只不過是條苦澀而煩悶的長河。你終於脫離克勒茲的放逐生活。
不用再管索雷卡車了。永別了，蓋雷或是蒙呂松的姑娘。冒險等待著你。大海與大洋之外的寬闊空間。
不過啊安東，你依然是個幼小的孩子，白天勇敢大膽，晚上卻驚慌恐懼……

VOYAGER EN SOI-MÊME
Saint-Exupéry et l'aventure

Toulouse-Casa-Dakar

土魯斯－卡薩布蘭加－達卡

你住在土魯斯的高臺旅社，四樓邊間三十二號房。你度過幾個月煉獄般的技師生活，手指沾滿機油，然後你再度成為飛行員，與梅莫茲和紀堯梅為伍，在這家全新的郵政航空總公司工作，飛「土魯斯－卡薩布蘭加－達卡」這條航線……於是你便與風、與沙、與星辰有了直接的接觸。必須不計代價地把郵件送達。這種人與人之間的聯繫重新賦予你的人生一種意義。

布雷桂14 F AEIZ型飛機

慰藉

這正是我喜愛飛行的原因：
當飛行是種職業，而不是花花公子的消遣。
我的職業是我唯一的慰藉。

——1926年11月11日寫給依芳·德·勒斯特朗芝的信

嶄新的世界

在他眼前，是這片不順從土地的耀眼白色。
有時候岩石光禿禿的。風把沙子吹來掃去，
變成形狀規律的沙丘。
靜止不動的空氣像結石般附著在飛機上。
既無縱搖，也無俯仰，
從這麼高的地方望去，景色絲毫不變。
飛機在密實的風裡繼續前進。
還要再六個鐘頭的停滯與寂靜，
然後我們才能從飛機裡走出來，
像破蛹而出那樣。世界煥然一新。

——《南方郵件》

永恒

有人告訴過我，「靠羅盤航行在雲海的上方是件美事，
不過您要記得：下面才是永恆」。而現在，
當我看著這些如此柔軟、如此平和的白色平原，
想到這句「下面才是永恆」，我懷有一種與世隔絕的感覺，
我想這是很難達到的境界——幾乎是不可思議的感覺。

——1926年12月寫給麗奈特的信

無法估量的寶藏

一項工作的偉大之處，也許首先便是把人們連結起來：
那不過就只是一種貨真價實的奢侈，而且是人際關係的奢侈。
只為物質財產工作，讓我們建立起自己的監獄。
我們用灰燼般的貨幣把自己單獨關閉起來，
這貨幣弄不到任何值得為之而活的東西。
如果我在記憶中尋找那些令我回味無窮的東西，
如果要我總結出那些重要的時時刻刻，
我肯定會找出那些沒有任何財富能夠為我帶來的東西。
用錢是買不到梅莫茲的友誼的……

——1926年11月11日寫給依芳·德·勒斯特朗芝的信

AU MAROC PAR

1925年，賈克·賈格朗為郵政航空公司所做的海報細部（標題：寄到摩洛哥的航空郵件）。

怕黑

麗奈特，夜裡我判若兩人。我有時候會有點焦慮，睜著雙眼躺在床上。
我不喜歡人家告訴我起霧了。我不想第二天把自己摔得面目全非。
世界不會因此而失去什麼，我卻會失去我的全部。您想想我在阿利坎特
所擁有的友誼、回憶與陽光。還有這張我今天買下的阿拉伯地毯，
讓我的靈魂變得像個地主般沉重，這個一無所有的我，曾經如此輕盈。
麗奈特，我有位同事的雙手燒傷了。我不想讓我的雙手也燒傷。
我望著我的雙手，我喜歡這雙手。這雙手會寫東西、繫鞋帶，
即興創作您不喜歡卻能打動我的歌劇，
這些可是需要二十年經驗才做得到的。偶爾，這雙手拘禁著幾張臉。
一張面孔。您想想。麗奈特，我今晚像隻野兔般焦慮不安，
而且我不怎麼喜歡達卡那件事。另外，這裡的人還告訴我：
「現在一片沸騰。接下來因故障迫降的飛行員會被摩爾人殺掉。」
被摩爾人殺掉……我不怎麼喜歡這句話在夜裡嗡嗡作響。
夜裡，一切在我看來都很脆弱，也因此把我與所有我愛的人聯繫在一起。
他們正沉睡著。夜裡，當我在床上無法成眠的時候，
我比看護病人的人還要不安。我是如此不善於看守我的寶藏。
我有點像個蠢蛋。白天，一切都顯得很單純，我很想出發冒險。
在白天我喜歡這些，然而在夜裡則否。

——**1926年11月11日寫給依芳·德·勒斯特朗芝的信**

高個子莽漢

我第一次見到聖艾修伯里，是在達卡的某間夜總會。
他不會跳舞。他出於禮貌、善意，也許單單只是因為好玩，
不得不讓自己任人擺布。對方足足比他矮了兩個頭，
而他則弄丟了一條繫襪帶。不過這一切看起來
好像並沒有令他感到困窘。我心想：「這個高個子莽漢是誰啊？」
我絕對猜不到他會成為大作家、甚至德國哲學家海德格有朝一日
還讚美他是「本世紀最偉大的存在主義者」。如果有人當時告訴我，
說這個「高個子莽漢」將來會跟我的阿根廷老友阿蒙納西
在布宜諾斯艾利斯一起當我婚禮的證人，
我幾乎會感到同樣驚訝。
聖艾修伯里變成我們兩人共同的朋友。
當他需要某樣東西，他不分晝夜、不管幾點都跑來我們家，
或者也不需要什麼，就單單只是想見我們。
他講了又講，他很累，累得要死，但他就是一定要講話，
說他做了某件事、說他遇到了某個人。講了很多話之後，
他便會睡著。因為我們家沒有地方讓他睡覺，
我們得先把他拖進電梯，再送上計程車，
然後請司機送他到家時再叫醒他。

——**諾愛樂·紀堯梅**

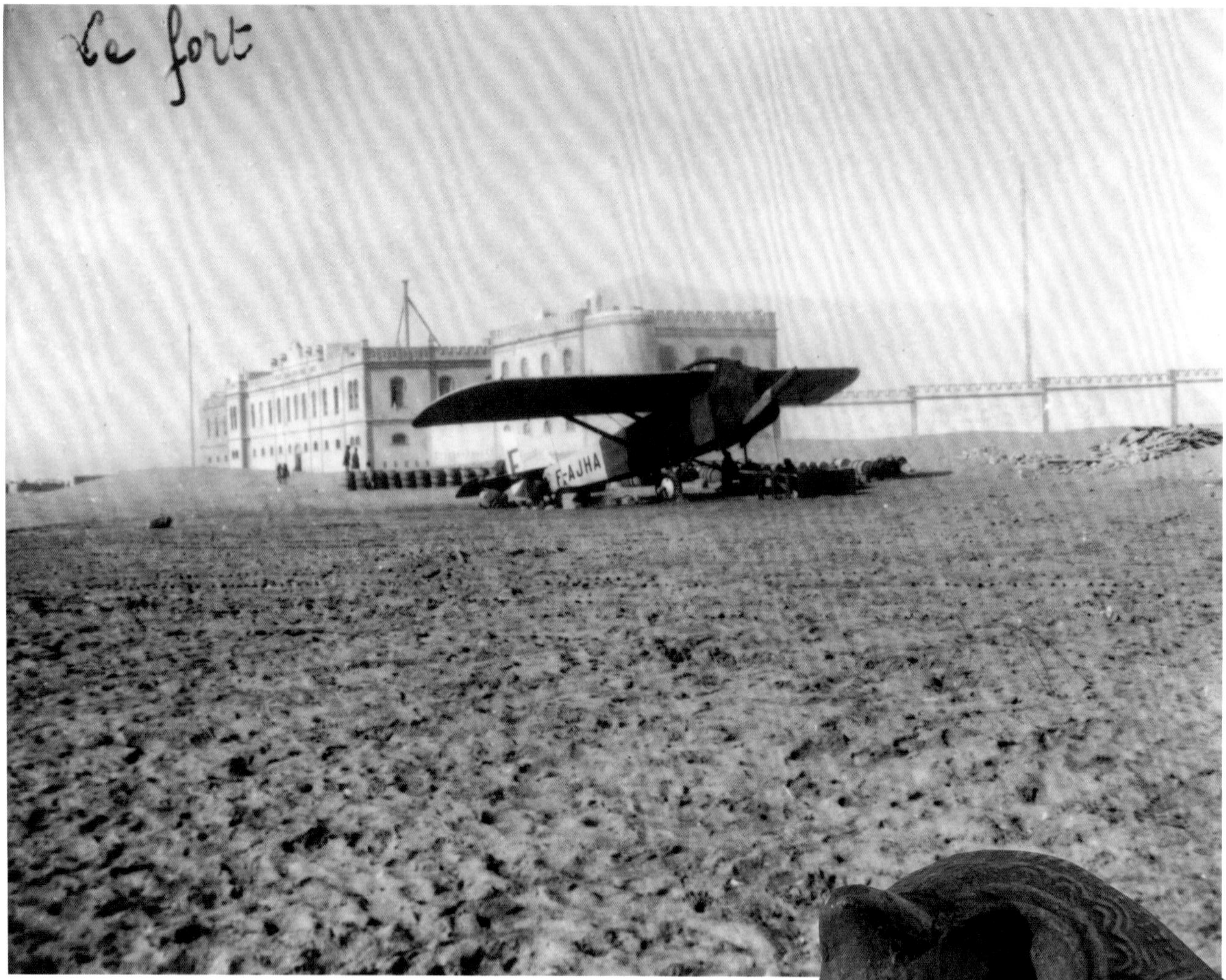

聖艾修伯里的
非洲鐵製菸灰缸

1927年10月19日——你受命擔任朱比角中繼站的站長。
對那些需要睡眠的郵政航空公司飛行員、或是飛機必須補給燃料時，這是必停的一站。
你在這塊撒哈拉沙漠中待了十七個月。你寫下了《南方郵件》。
當你沒在飛行的時候，你便感到無聊。你既陶醉於廣闊的空間，同時又感到極度的孤單、沮喪、失望。

朱比角，沙漠的教導
Cap Juby, l'enseignement du désert

僧侶般的生活

我在西(班牙)屬撒哈拉沙漠中間這個全非洲最人煙罕至的角落，
過的是何種僧侶般的生活啊。沙灘上有座碉堡，
我們住的木板屋背面緊挨著碉堡，而好幾公里方圓間別無他物。
漲潮的時候，大海便把我們完全浸在海水裡。
我受夠了以巡道工的耐性監看著撒哈拉沙漠。
要不是我還會送幾趟郵件去卡薩布蘭加、
加上更少趟去達卡的航程，我恐怕要落得神經衰弱。

——1927年寫給希莫妮的信

我的任務包括與摩爾人的部落建立關係，如果可能，
還要試著去叛亂區域走一趟。我的工作是飛行員、大使兼探險家。

——1927年於朱比角寫給皮耶·達蓋的信

沙漠的教訓

我認識孤獨。三年的沙漠生活確實
教導了我孤獨的滋味。在沙漠裡，
人們不會為了在礦物的國度中消磨青春而感到不安，
倒是覺得在離自己很遠之處，整個世界都在老去。
樹木結出果實，大地生出麥子，女子已然長成美人。
然而季節向前邁進，必須要趕緊回去……
然而季節向前邁進，自己卻被留在遠方……
而大地的財產像沙丘的細沙那樣從手指間流逝。
對我們而言，沙漠是什麼？
是我們心中所誕生之物，是我們對自身的了解。

——《人類的大地》

La magie des sables 沙的魔力

從卡薩布蘭加到達卡所需的飛行時間約有二十三至三十二個鐘頭，途中要在中繼站停靠數次，
端看是否停靠在朱比角過夜而定。你照顧這條航線的飛行員，並且為他們排除故障，有時候你還要營救他們。
在不友善的區域，你是他們的守護天使。在沙漠中迫降的情況並不罕見。摩爾人有時很殘酷。
除了綁架落難的飛行員勒索贖金，有時候還凌虐他們。你變成沙狐、蹬羚羊與變色龍的伙伴。
偶爾，你會飛向卡薩布蘭加或是飛向達卡。

1928年在朱比角的工作團隊。從左到右：
聖艾修伯里、朵梅尼勒、紀堯梅、李歐．安東、馬賽．雷內

我一向喜愛沙漠。坐在沙丘上，
什麼都看不見，什麼也聽不見。
在此同時，卻有某種東西在寂靜中擴散著。
——《小王子》

我們朝之飛奔而去的地平線一個接著一個消失，
就如那些一旦被溫熱的手掌捕獲
便失去美麗色彩的昆蟲。
不過，追逐地平線的人並沒有受幻影所戲弄。
我們遭遇這些新發現時，並沒有弄錯。
《一千零一夜》中的蘇丹也沒有弄錯，
他追逐著一種如此微妙的物質，讓他那些
美麗的俘虜在清晨之際一一殞滅在他的懷裡，
才稍被觸碰，便失去了翅膀上的金粉。
我們吸取沙漠的魔力作為滋養，
其他人也許會在沙漠中挖掘油井並且靠商品致富，
不過他們要來已經太晚。
因為禁忌的棕櫚樹或是未受玷汙的貝殼粉末
已經把它們最珍貴的部分交付給我們：
它們僅只貢獻一個鐘頭的熱情，
而體驗過這段時間的便是我們。
——《人類的大地》

撒哈拉沙漠就是在我們身上展現出它的面貌。
要接近它並不是去造訪綠洲，
而是讓一泓泉水成爲我們的宗教。

——《人類的大地》

站長聖艾修伯里陪同裴納上校

我的情況。
迷失在沙漠中並且受到威脅，
赤裸地處在沙子與繁星之間，
過多的寂靜讓我
遠離了人生的重心。
我只不過是個
在沙子與繁星之間迷途的凡人，
清楚意識到呼吸是唯一的享樂。
在此同時，
我發現自己滿懷夢想。
夢想無聲無息地走向我，
宛如泉水……

——**《人類的大地》**

撒哈拉沙漠教給我的，
首先便是一種觀點。

——1928年，**寫給露易絲·德·維摩韓的信**

駕駛波特茲25型飛機在安地斯山脈上空偵察。

1929年夏天：你派駐至阿根廷的布宜諾斯艾利斯，擔任阿根廷郵政航空公司的經理。
你住在王權旅館，之後又換到加勒佛羅里達旅館。你建立起里瓦達維亞海軍準將城到龐塔之間的巴塔哥尼亞航線。
你要來回巡視，偵察飛行，還要長途飛行到火地島。你從來沒有飛得這麼勤過。
你正在編寫《夜間飛行》。你既快樂又不快樂，既自由又受到束縛，總是形單影隻。
閒暇的時候，就在這個向四面八方發展的城市的正中央，你在居住的十七樓高塔中閱讀巴斯卡的作品，
思索無窮大與無窮小的問題。晚上，你則在昏暗的舞廳中，與那些「甜心寶貝」廝混解悶。

阿根廷
Argentina

三〇年代左右的布宜諾斯艾利斯市中心

不可思議的孤獨

布宜諾斯艾利斯是個可憎的城市，
缺乏魅力，毫無潛力，什麼都沒有。
這個城市讓我們那麼像受困其中的囚犯。
您想想，阿根廷沒有鄉村，
我們永遠也不能出城走走。

——1929年10月至11月間寫給瑪莉的信

我上次去了智利的聖地牙哥，
我在那裡與法國的朋友見了面。
這個國家真是美麗，
安地斯山脈是多麼不同凡響啊！
我在海拔六千五百公尺的地方
目睹暴風雪的誕生。所有那些
自雪中探向天空的山峰宛如火山似的，
我覺得整座山都好像沸騰了起來。
有一座美麗山脈的頂峰高達七千兩百公尺
（可憐的白朗峰啊！），寬度則有兩百公里。
當然也是像座堡壘一樣難以接近，
至少在這個冬季是如此，
而乘飛機越過其上時，
會感到一種不可思議的孤獨。

——1930年7月25日，寫給瑪莉的信

A. de St. Exupéry à
FILIACION DEL CONDUCTOR
No. 1730.
Nombre De Saint Exupéry A.
Nacionalidad Francés
Edad 29 años.
Estado Soltero
Domicilio Gral. Pacheco
Las Conchas Tigre
de 19 29.
P.A. SECRETARIO
Nombre De Saint Exupéry-Antonio
No. 1730.

聖艾修伯里的阿根廷駕照

這個非我所渴望的角色
令我感到沉重與蒼老。
我手上這個跨越三千八百公里
的網絡分分秒秒地榨取著
我僅剩的青春與珍愛的自由。

——1930年寫給麗奈特的信

穿著飛行員裝束的安東與郵政航空公司成員，1937年攝於阿根廷。

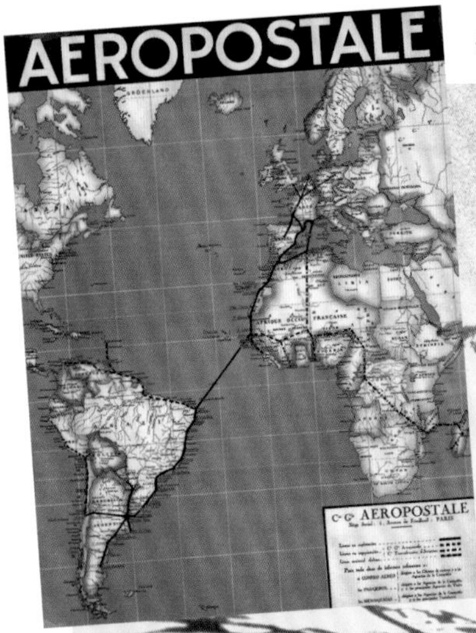

航空郵務路線圖

紀堯梅所駕駛的波特茲25型飛機，攝於失事後。

1930年5月：你從事的飛行員這行很危險——你不僅是運送長程郵件的飛行員。
當你面對不平和的天空，氣潭、暴風氣旋、驟雨、雷電或是夜晚的地獄，
你是面對大自然所能展現出最野蠻一面的試飛員。幾年來，無論在非洲還是美洲，
郵務新航線的開拓已經讓上百名飛行員送了命。你的朋友紀堯梅駕駛波特茲25型飛機在安地斯山脈間迷航。
你在門多薩與搜救隊會合，他們在八天的搜尋後找到了紀堯梅。他幸運生還。
五天四夜以來，他不停走著，持續對抗著風、寒、雪、夜，以及向長眠誘惑讓步的難以抑制的渴望。

紀堯梅的意外
L'accident de Guillaumet

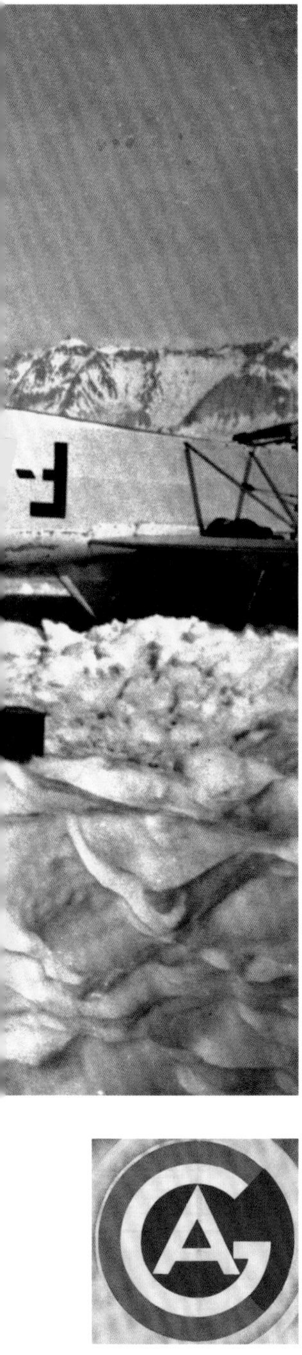

安東在吐努揚與紀堯梅重逢（照片下方小字：
聖艾修伯里迎接他1930年在安地斯山脈逢難的朋友紀堯梅）。

長眠的誘惑

只消閉上雙眼就能與世界講和，就能消滅這個世界上的岩石與冰雪。
才稍稍闔上神奇的眼皮，便再也沒有風吹雨襲、撕裂的肌肉、
灼人的冰霜，也沒有生命讓我們拖帶的這股重量、
讓我們像頭牛般前進，而生命卻比一輛牛車還要沉重。
你已經嘗到它了，這股成為毒藥的寒冷與嗎啡類似，
讓你現在充滿至福之感。你的生命退卻到心臟四周。
某種甜美又珍貴的東西蜷縮在你的中心。你的意識一點一點
放棄了這具軀體的遠端區域，這些地方直到剛才
還像滿懷痛苦的野獸，現在卻已經加入大理石般的漠然。

——《人類的大地》

奇蹟獲救者

紀堯梅，你還剩下什麼？我們確實找到了你，
不過你卻形容枯槁、麻木僵硬，像個老太婆那樣地縮了水！
當天晚上，我用飛機把你帶到門多薩，在那兒，
蓋在你身上的白色床單像香膏一樣撫慰著你，不過卻無法治癒你。
難以對付這副極度疲勞的身軀，你翻來覆去，無法成眠。
你的身體忘不了岩石也忘不了霜雪，它們在你身上留下了記號。
我觀察著你黝黑、腫脹的面孔，看起來好像被打了好幾下的過熟水果。
你樣子很醜，很悽慘，無法使用你用來工作的美麗工具：
你的雙手依舊僵硬，而當你為了呼吸而坐在床緣時，
你凍僵的雙腳懸在空中，彷彿兩顆沒有生氣的秤砣。
你甚至沒能走完你的旅程，你依然氣喘吁吁，然後，
當你轉身靠向枕頭以尋求平靜時，浮現一連串你無法抓住的影像，
一連串在幕後蠢蠢欲動的影像，馬上在你的頭殼下晃動起來。

——《人類的大地》

阿根廷郵政航空公司
的標幟

安東與技師安德烈・普列弗在西蒙型飛機前。

1935年：你必須要持續旅行才能有所成就——當你沒有俯身在稿紙上、沒有沉浸在紙牌戲法的童年魔術裡、沒有置身於創作狂熱中的時候，你也許就在空中，嘗試迎向挑戰，以打破你悠然神往的紀錄。巴黎到西貢：要在五天四小時之內連接這兩個城市。1935年12月29日，你和普列弗駕駛你那架在七月買下、九月送到的寇德隆C-630西蒙7042號F-ANRY型飛機起飛。累人的準備工作讓你筋疲力盡。你的機件運轉失靈。飛行了十七小時又三十八分鐘，飛機便因飛行高度過低，在撞擊某座高原的邊緣之後，墜毀在利比亞的沙漠中。你們在沙漠中遊蕩了三天，才被一群貝都因人的駱駝商隊所搭救。

折翼之旅：巴黎－西貢
Les ailes brisées : Paris-Saigon

起飛

他們把西蒙型飛機從停機坪推出來。我繞著我的飛機走了一圈，
手背輕撫著機翼——這舉動很可能近乎愛意。
我剛飛了一萬三千公里，引擎連咳都沒有咳一聲，一顆螺絲帽也沒鬆掉，
而這架美妙的飛機卻在第二個晚上救了我們的性命，
因為它在撞上地面的時候沒有摔個粉碎（…）
有風，夾雜著雨水的清晨，引擎在我們緩緩暖機時所發出的低沉聲音，
新上的蠟讓這架征服機械閃閃發亮，一切都讓人心動。
我們已經品味到我們所感受的那些寶藏在自己前方一字排開，
地圖上這塊由黃色、綠色、黑色所構成的廣大幅員，這一串我們即將
撥動的悅耳的城市名稱，這些我們即將朝東方一一趕上的飛行時數，
這場迎向白晝的征途。我們欣賞著這座小小的駕駛艙，
還不是很清醒的我們在其中繫好保溫瓶、備用零件與迷你行李箱，
這些分量沉重的儲油箱，尤其是機艙前方儀表板上這些奇妙的儀器，
宛如星星般的配置在夜裡構成微微發光的星座。
我們很喜歡這種人造地平線的礦物光芒與那些聽聲儀器。
這間機艙概括地摘要出世界，我們在裡面感到很快樂。我讓飛機起飛。

——〈沙之牢籠〉，《不妥協者報》，1936年1月30日

墜毀

有一種類似地震的震動摧毀了我們的駕駛艙，掀去了窗戶，
將機身的金屬片震飛到百尺之外，震動的咆哮聲填滿我們的五臟六腑。
飛機抖得像一把遠遠射進堅硬木頭內的小刀。我們被這股怒氣攪拌著。
一秒鐘過去，兩秒鐘過去……飛機持續抖動，而我以極度的不耐煩
等待著飛機所儲備的能源像顆手榴彈那樣爆炸開來。
不過這地下的搖晃卻持續著，並沒有以最後的爆發作結。
我一點也不明白這個無法看見的結果。我既不明白這種震動，
也不明白這股怒氣，更不明白這段永無止境的延遲……
五秒鐘過去，六秒鐘過去……突然間，我們體驗到一陣旋轉的感覺，
然後一記撞擊又把我們的香菸拋出了窗外，同時把右翼撞個粉碎，
接下來卻什麼事也沒發生。只有凝結住的靜止不動。

——《人類的大地》

墜毀的西蒙型飛機

我走進房間。房間很簡陋，但是很乾淨。
一名護士看顧著病人。
我認出東尼歐時覺得很難過，
他整個頭都腫了。不誇張，
他的頭有五個頭那麼大。醫生肯定地
告訴我他已盡了力讓一切回到原位。
事實上，我還看見
他嘴裡有修補下顎的器械，
他的嘴唇只剩垂在下巴上的
一些黏膜而已。
而這個男人是我的丈夫……

——康綏蘿，《小王子的玫瑰》

聖艾修伯里與康綏蘿，1938年1月即將啟程前往哈弗爾之際。

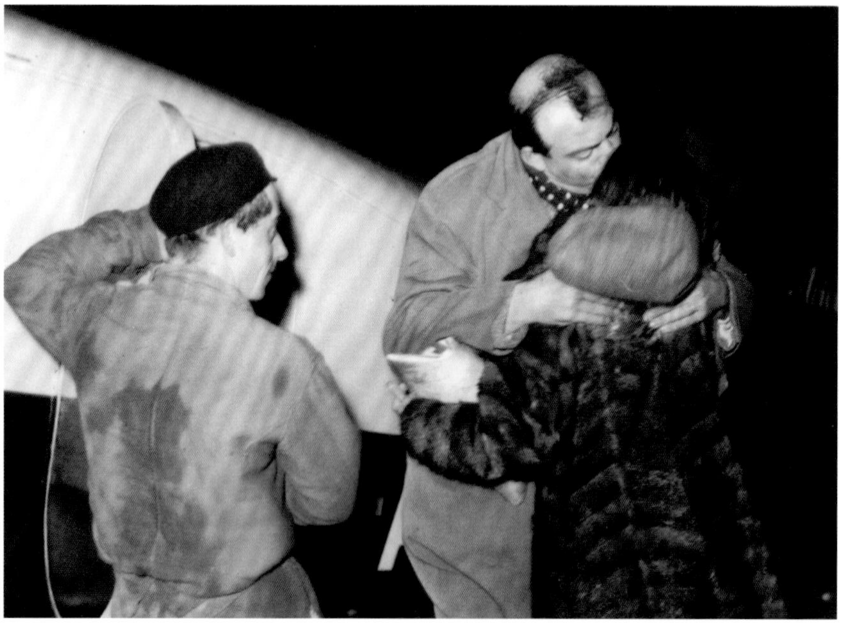

你重蹈覆轍，在一九三八年二月又投身紐約到火地島的長程飛行。
然而你把英制度量單位與美國的搞混了，你的飛機超載了過多燃料，在瓜地馬拉市起飛時墜毀；
你和康綏蘿一起向外科醫師抗爭。你的手臂與右手是千鈞一髮才救回來的……
意外發生後，身上八處骨折與自昏迷中醒來所需的恢復期讓你有時間寫下《人類的大地》。

折翼之旅：紐約－火地島

Les ailes brisées : New York-Terre de Feu

墜機

我的飛機在瓜地馬拉墜毀了。我昏迷了很久；
那是最不讓人愉快的狀態，因為我們不會一下子活過來。
我們緩緩醒過來，感覺像是穿過厚重而膠著的大氣，
飄浮著掙扎爬向外在的世界。
儘管身心俱疲，我還是無法將自我從夢的世界抽離出來。
我記得有一次自夜中醒來，床單跟被子都滑落掉了。

瓜地馬拉因為位處高海拔，夜裡非常寒冷。
為身上八處骨折所苦，我沒辦法搆到被子。
於是我把護士叫來，懇求她趕快幫我蓋上被子，
因為我深信要是她不立刻幫忙，我就會死掉。

——1941年4月，《哈潑雜誌》

聖艾修伯里倚在西蒙型飛機的機翼上，為長途飛行作準備。

Pour l'ami Hirsch
En souvenir de journées
mirage d'un bar

由安東・德・聖艾修伯里題字送人的飛行意外照片。

我對妻子的要求，就是要能平息這股焦慮。
就是這樣才那麼需要娶妻。
您無法理解我的心情有多沉重，
並且感到青春是那般無用。
您不會知道一個妻子所能夠付出的、
她能給予什麼。我太孤單了。

——1925年於巴黎寫給瑪莉的信

以玫瑰之名——聖艾修伯里與女人們

瑪莉．德．芳司哥倫布，你的母親；依芳．德．勒斯特朗芝，你的朋友；
露易絲．維摩韓，你的初戀；康綏蘿，你的妻子；還有其他那些女子……
妻子、母親、姊妹、情人、朋友：女人是你棲身或停靠的港口，是你的里程碑。
瑪莉、小鹿、莫諾、娣娣、露易絲、艾妲、露西瑪莉、奈莉……這些貫穿你一生的女人名字和小名。
芳名的主人會來撫慰你，減輕你的焦慮、你的內在放逐與鄉愁的啃噬。
你自這些女人中抽離自己，遠離她們好去尋找你自己。不管是恆星還是流星，都是令人安心的星星：
她們眼中的光采抑或她們溫軟的玉手，對你而言都具有讓孩子安心入夢的那種依戀玩物的魔力。

AU NOM DE LA ROSE
Saint-Exupéry et les femmes

Pour mon Tonnio-
son poussine
qui t'aime à l'infini -
Consuelo. 1935.

康綏羅題詞送給安東的照片

您無法清楚地知道我對您
所懷抱的這份無垠的感激，
還有您給我的這個充滿回憶的家
對我有多麼重要。

——1930年1月於布宜諾斯艾利斯寫給瑪莉的信

在我們上床就寢之後，偶爾您在樓下唱歌……
您的歌聲傳到我們房裡，
彷彿一場盛大宴會的餘音……

——1930年1月於布宜諾斯艾利斯寫給瑪莉的信

造就我的幸福的就是您。
並不是因為您為我解決一切問題。
我把一切交到您手中，只要由您跟上級開口，
一切就很順利。
我就像個幼小的孩子，躲在您的身旁……

——1923年寫給瑪莉的信

Casablanca

Ma petite maman

Vous êtes une adorable maman. J'ai eu un plaisir de gosse à ouvrir votre paquet. J'en ai sorti des trésors...

Seulement les journaux nous disent qu'il fait froid là bas ! Comment vivez vous ? — Ici un

1921年於卡薩布蘭加寫給瑪莉的信

我的好媽媽：
媽媽，如果我說的不夠多也表達得不夠好，
我還是要告訴您：我有多麼崇拜您、愛您。
您的那種愛，讓人感到好安心，
我想，得花上很長的時間才能理解這種愛——
媽媽，我一定要每天都去了解，
並且回報您這輩子為我們所盡的心。
從前的我太常讓您感到孤獨了。
我一定要成為您的好朋友。

——1925年寫給瑪莉的信

我的好媽媽：
現在是午夜。我覺得好孤單。
什麼都比不上您的柔情。
我愛您，彷彿我從未愛過別人。

——1926年寫給瑪莉的信

瑪莉，你的「好媽媽」，你的仙女，你的偶像，你的「守護天使」。
就是她，動動手指便撫去你兒時床單上的皺摺，平息全世界的煩惱，
她是你夜裡獨處時從未停止祈求的對象。而你呢，你是康綏蘿的守護天使，
她是你唯一娶過的女人。你這個守護天使就像所有的天使那樣，既親近又很遙遠。
在關於我的生活的那本書中（《小王子》），你寫到：有些人比其他人更重要。
好比那隻狐狸，或是我的玫瑰……我常常向你提起我的玫瑰。永遠沒有人能知道
你的玫瑰比較像瑪莉或是康綏蘿——我認為她具有瑪莉的靈魂與康綏蘿的心。

瑪莉．德．聖艾修伯里
Marie de Saint-Exupéry

瑪莉．德．聖艾修伯里

媽媽，我愛您，彷彿我從未愛過別人

1910年，瑪莉於聖莫里思城堡花園中。

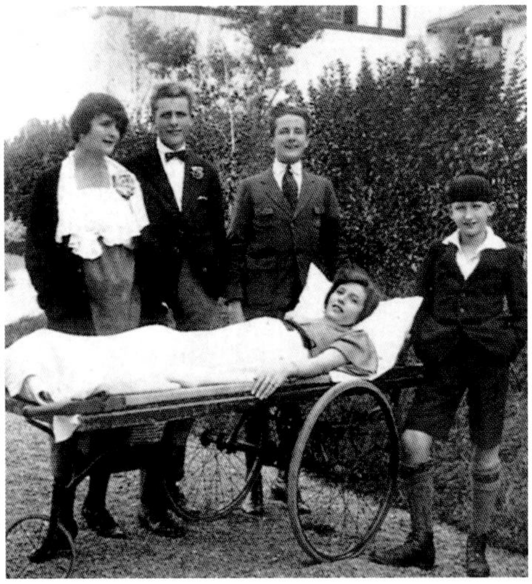

1919年夏天：你才剛滿十九歲——你剛搞砸了海軍學校的入學考。身邊有你母親、姊妹以及鄉下的表姊妹。先是遇到歐黛德，你同班同學的姊妹，還有幾個你讀聖路易中學時短暫往來的小姑娘。不過，你初次墜入情網、真正永遠忘不了的初戀對象是露易絲。她芳齡十七，暫時住在聖若望德呂茲，當時她因為結核性關節炎感染到髖骨，不得不躺著會見朋友。你去拜訪她。你迷上了她的風采。她在你眼中成為安徒生的豌豆公主，你童年讀的童話故事中那位躺在床墊上的公主。

1922年：你在露易絲父母家中再次見到她——自從你回到巴黎，你便成為「笑話社」的一員，那是露易絲與兄弟成立的團體。你在這個社團中的身分是「情詩與滑稽詩的大詩人」。你寫給她許多信件、頌歌與十四行詩。她創作一些奇幻故事。你喜歡她低沉的聲音與女中學生的舉止。你喜愛她的單純、她的直率，以及她對新事物讚歎的能力。你們對文學與音樂具有同樣的品味。你好愛在你們的古典雙重唱中結合她女高音與你男中音的音色。你們的童年來自同一國度。

1923年1月：你們正式訂了婚——你愛露易絲。你完全不是個在意嫁妝的人，也永遠不可能自滿於門當戶對的婚姻。你不會下定決心去娶個女繼承人好讓自己能夠過個平靜而寬慰的生活。然而你除了姓氏之外一點也不富裕。她的母親不喜歡你，她的兄弟也不喜歡你。你在布爾哲遭逢的意外以及頭部所受的傷也未能改善這樣的狀況。「維摩韓幫」這票人管你叫「被判了死刑的人」、「不明厚皮動物」。露易絲的姊姊瑪莉皮耶以露易絲與家人的名義要求你放棄飛行員的職業，也就是要你離開空軍……你接受了這道最後通牒，服完剩下的兵役便離開了軍隊。

1923年8月：你和露易絲前往瑞士侏羅山一帶的雷貢維立耶。露易絲表面上是在侍女的監視下去治療久病不癒的感冒。你必須賣掉你的柯達相機才能去與她會合。你們本來應該在十一月一日結婚的，然而某種憂鬱的情緒卻開始讓你們彼此疏遠。

豌豆公主
La princesse au petit pois

維摩韓公館的最高處，
居高臨下、巧妙布置的雅緻房間裡，
一張無人所能想像的、最最考究的床上，
有個穿著淡粉紅色襯衫、
出類拔萃的年輕女孩。她抽卡芬牌香菸，
她本人便是詩歌。這個年輕女孩的
小巧臉蛋是詩意的化身、是魔力的化身。
那是一場醒著的美夢，一幅美妙的光景，
再加上可愛絕倫的稚嫩說話聲，
便更形完美。她是個非常聰明、非常纖細、
令人驚豔的女孩子。

——**亨利・德・瑟芶涅**

我們青少年時期的魔術師。一位流浪者，
一位騎士，一位高貴的智者，
一位得到神恩氣息賦予生命的謎樣孩子。
既快活又嚴肅的他，在我們的房間裡展現出
也許就來自我們鄰近某個省份的習俗、口音、
美德和說話方式，我們卻無法在我們的
外省地圖上找出這個省份的確切位置。

——**露易絲・德・維摩韓**

我想要告訴您，我對安東的愛是真正的愛情，
我的生命與所有思緒都屬於他。
成婚之後，我們將是您在世上最溫柔的孩子。

——**1923年8月，露易絲與安東寫給瑪莉的信**

就像所有的未婚夫婦那樣，我們同時活在現在與未來當中。
儘管我們計畫著未來，安東的腦袋裡卻常常只想著飛行。
他跟我提到在天空與大地之間
所經歷的那些駭人或絕妙的片刻，
而只想著要為我們未來的家添置家具的我呢，
則會打斷他的話，問他喜不喜歡加了軟墊的座椅。
「在壁爐前擺張沙發，不是顯得非常愜意嗎？
尤其在冬天的時候。秋天也是。木材燒起來的時候，
還會因為內含的水分而嘶嘶作響。」
「是啊，是啊……不過，你來……」「……你想去哪裡？」
「去旅行，你到時候就知道。」
我們偷偷出發，沒花多少錢就搭上了小火車。
我小心避免弄皺裙子，脫下白色棉質手套，
此時他觀望著鳥兒、雲朵，研究天空的氣流，我則觀看著
小木屋、上過漿的窗簾、小花園、斜坡邊上種的植物，
然後我們望著彼此的眼睛，就我們所看到的東西交換意見，
並且抵達了比恩城。天空灰濛濛的，湖水一片青鬱，
帶著黑色的光澤，這是預感出現的一刻，我們在樹林中覺得很冷。
為了讓身子暖和起來，我們買了一些巧克力，我們抽菸。
「我們進去火車站坐坐，站內的海報好漂亮」，他對我說。
要分手的人不會因為在火車站內擁吻而感到難為情。
蒸汽火車的嘶嘶聲響發出接吻的信號，
而情人們在分手的這一刻，怕冷似的把彼此緊緊擁抱在懷裡。
我們所做的正是如此，同時心中意識到作弊的感覺。

——**露易絲・德・維摩韓**

當男人失去他所愛的女人，就是我們所謂的「不知所措」。假使他的想像力允許他讓她彷彿「現身」於某些片刻，假使他能夠走進逝去的愛情，就像走入宗教那樣，他便會拒絕從中走出來。他會拒絕讓自己分心。而他的親人，儘管盡了力，還是會看到他一再上演同樣這一齣可憐的內心戲。他不再真正地屬於世界的一部分。他將會確切地被註銷掉，因為賦予他行為、思想、生命之意義的一切，都不再存在於這個世界。

安東

——〈我今晚去看了我的飛機〉

我唯一的愛。我是那麼清楚任何跟我一起的生活都是不可能的。比起房子、樹木、人建造的東西，我不夠強。我很清楚這點。

——1929年4月於巴黎 寫給露易絲・德・維摩韓的信

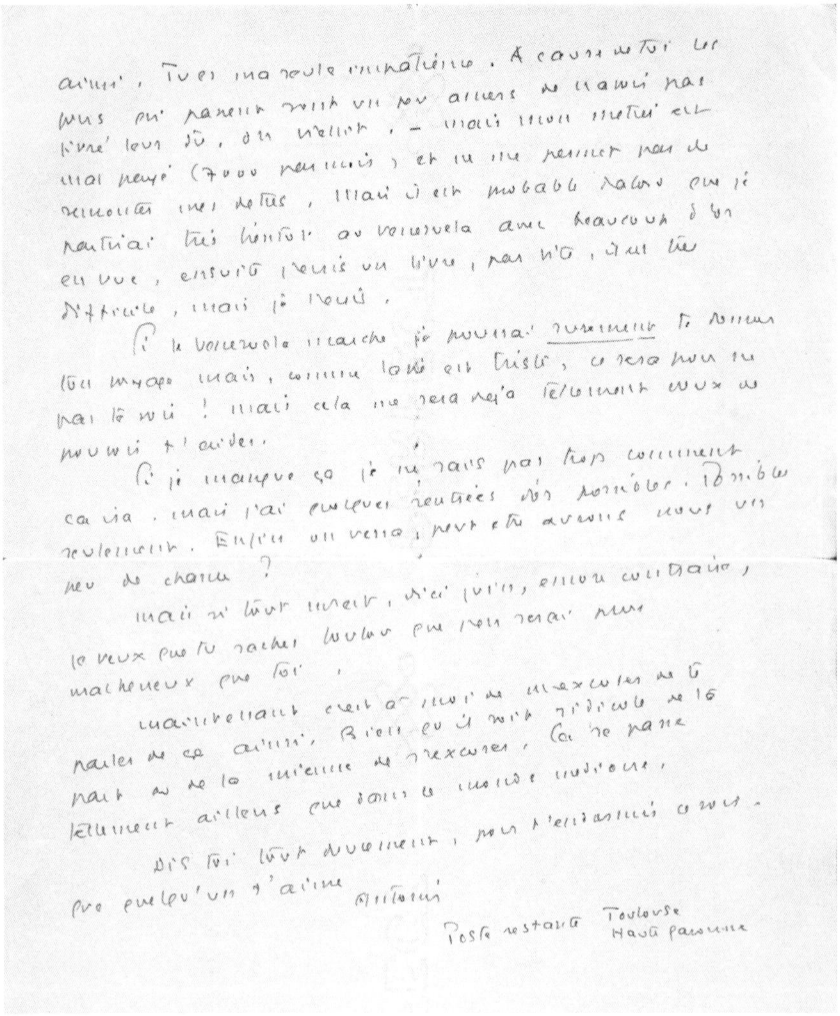

1923年9月——你的夏季脫逃只不過是你們愛情的輓歌。露易絲的心思已經在別的地方了。她太想要享受生活，你太想要尋求自我存在的意義。她以自己的健康狀態為藉口，向你要求兩個月的時間考慮，結婚計畫就此緩了下來，而你們的婚約則與秋天一起灰飛煙滅。

1927年——露易絲依然存在於你夢想的中心。在你的書信中，她變成了你的「老露露」、你的「老朋友」、你的「好老傢伙」……你試著把這份初戀轉化為友誼，而這段初戀在你心深處卻永遠也無法消逝。

你是我記憶中的摯愛

Je me souviens de toi comme d'un grand amour

我再次走向您，一如走向一個「童年摯友」——
我自己心底是這麼想的。露露，沒有人能夠了解的是，
我能夠帶給您一種自由的友誼，並且絲毫不感羞愧。
我不在乎習俗，我也懂得很多事情。以前我是個孩子，
而您是個女人。您曾經有這份心、有成熟女子的仁慈。
您向我俯下身，那是很美妙的經驗，卻不長久。
我經常重讀我的信，我認為這些信是那麼幼稚。
我是個給愛情沖昏了頭的小男孩，
這樣的我對您而言是不夠的。
那是因為我沒有任何虛偽的自負，因為我認為自己
「永遠偏愛您」，因為我能夠超越自我與您同在。

——1927年2月23日寫給露易絲·德·維摩韓的信

露露，我不曉得該怎麼寫信給您了。
在您身邊，我只知道要閉嘴。您知道的，
風景會說話，泉水、鳥兒、樹葉也會。
不過，一陣巨大的沉默乍然來到。
一陣令人驚訝的沉默。在我看來，
就好像某個看不見的訪客造訪他的王國，
只要他在草地上踏上一步，草中所有的蟋蟀
全都噤聲不語，樹林中的鳥兒也一樣，
驚得說不出話來。而風也必恭必敬的。
什麼都再也不動了。當您靠近我時，在我身上
發生的，就是這般一模一樣的情況。我的柔情、
我的欲望、我的悔恨，統統住了嘴！(…)

您不知道後來蟋蟀都悔恨不已：
她沒有聽見我們的鳴叫！
而鳥兒說：她沒有聽見我們的歌聲！
而風則說：她不知道我們的力量！
她沒見識到我們的強大！
她們都在埋怨，可是若您再回來，
卻又都無法克制地閉上嘴。
這點啊，令我難過。今晚請您輕輕地
告訴自己好哄您入夢：有人愛著您。

安東

上嘉隆省土魯斯留局自取

——1933年11月於佩皮尼昂
寫給露易絲·德·維摩韓的信

你三十九歲了。你是布宜諾斯艾利斯中繼站的站長——除了在放逐狀態中度日之外，你不知道如何過日子。然而，生命卻再度對你微笑。你離蓋雷非常遙遠。你真正的朋友梅莫茲與紀堯梅都在身邊。你賺很多錢。你揮霍無度。你喜歡阿根廷。儘管布宜諾斯艾利斯對你而言跟世界上所有大城市一樣，只不過是大白蟻窩的分支……你在大都會的柏油路上總覺得自己像是個囚徒。你飛行的次數不夠多，無法滿足你逃脫的渴望。飛越遼闊的空間讓你得以在陶醉與憂鬱之間航行。

1930年夏天：她是個二十九歲的年輕寡婦——搭乘馬西莉亞號從巴黎前往布宜諾斯艾利斯。她的姓名念起來很有韻律感，一如她祖國的名稱：薩爾瓦多。她的名字讓人聯想到泉水的潺潺聲響：康綏蘿．森山聖多瓦爾。康綏蘿是一隻通曉多種語言的異國珍禽。她說西班牙語、英語、法語，帶著那種無法模仿的口音與那些總是為她的言語更添魅力的小小錯誤。她很富有，因為她很有智慧，也因為她出生自一個以咖啡這種黑金致富的家庭。因為她的二度守寡，因為她的美麗，她自一九二五年起便在巴黎的夜裡稱后。

1930年9月：她具有西班牙血統——馬雅人血統。你平常誘惑的女人髮色有多金，她的髮色就有多黑。你們兩人相遇的那一刻，天雷勾動地火。你愛上了她的微笑與她孩子般的小手；她傾倒於你高大保護者身形的魅力，以及你那雙「緊張、纖長又強健」、屬於男人的大手。你獻給她第一次的飛行體驗。你才認識她幾個鐘頭，卻已經告訴她想要娶她為妻。

1930年冬天至1931年：你的家人很不看好你跟這麼一個快活的外國寡婦訂婚的打算……你們首次結婚的嘗試在典禮當天宣告失敗。你哭了，因為你母親沒出席。康綏蘿獨自回到法國。你們兩人在西班牙重逢，你一直到一九三一年四月二十三日才終於在亞蓋城堡與她結婚。你的「一家老小」還是對這位「愛作戲的女爵」、這位「篡位者」的個性感到不適應，她在你們結婚的這天還為前夫穿著喪服。

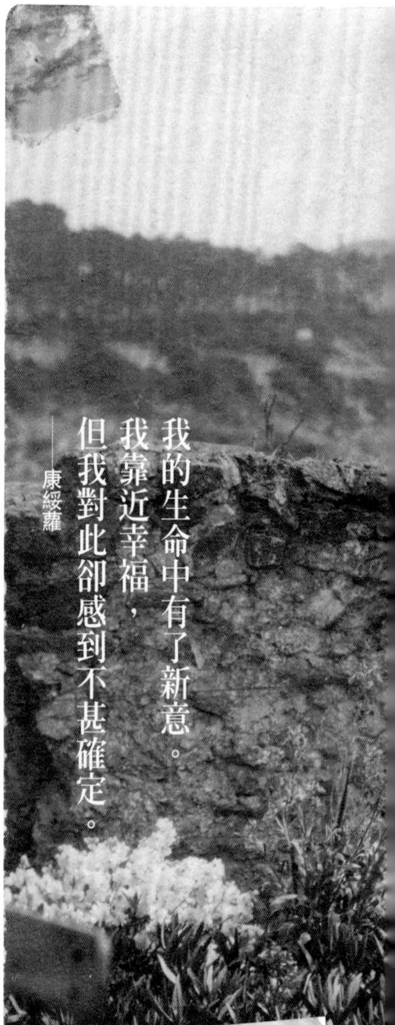
我的生命中有了新意。
我靠近幸福，
但我對此卻感到不甚確定。
——康綏蘿

康綏蘿，我要您嫁給我

Consuelo, Je vous demande de m'épouser

PAROCHIA
ASSUMPTIONIS B. M.V.
VULGO
Notre-Dame
NICE

SCHEDULA CONFESSIONIS

D.
audivi in sacto Pœnitentiæ tribunali.
In cujus rei fidem hoc illi testimonum dedi.
Nicææ, die 23 avril 1931

當我覺得某個女子很美的時候，
是找不到什麼語言形容的。
我看到她在微笑，如此而已。
——安東

MAIRIE DE NICE
(ALPES-MARITIMES)

EXTRAIT
du Formulaire Général
des actes de l'État-Civil
adopté par la Commission
de l'État-Civil
instituée au Ministère
de la Justice

Le certificat de célébration civile, dont le seul but est de garantir le ministre du culte contre l'éventualité de poursuites fondées sur les articles 199 et 200 du Code pénal, ne doit énoncer ni les âges, professions, domiciles et filiation des époux, ni leurs mariages antérieurs.

Certificat de Célébration Civile

Le mariage de de Saint Exupéry
antoine Jean Baptiste Marie Roger
et de Suncin Consuelo
a été célébré en cette Mairie aujourd'hui
vingt deux avril mil neuf cent trente et un
L'Officier de l'Etat-Civil délégué,

1931年4月22日在尼斯市政廳的公證結婚證明

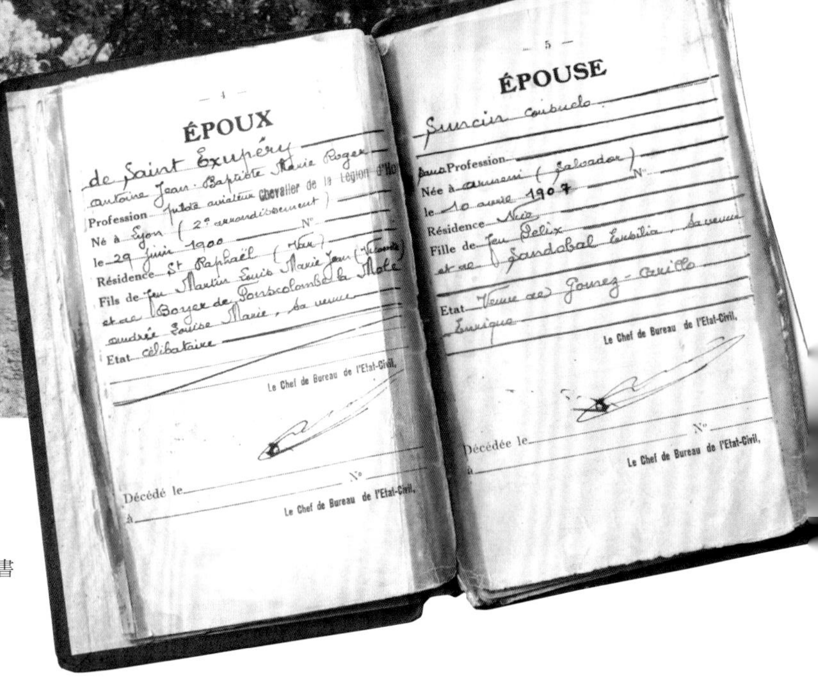
— 4 —
ÉPOUX
de Saint Exupéry
antoine Jean Baptiste Marie Roger
Profession pilote aviateur Chevalier de la Légion d'Honneur
Né à Lyon (2e arrondissement)
le 29 juin 1900
Résidence St Raphaël (Var)
Fils de Jean Marie Louis Marie Jean
et de Boyer de Fonscolombe
Etat célibataire
Le Chef de Bureau de l'Etat-Civil,
Décédé le
Le Chef de Bureau de l'Etat-Civil,

— 5 —
ÉPOUSE
Suncin Consuelo
Profession
Née à (Salvador)
le 10 avril 1907
Résidence Nice
Fille de
Etat Veuve de Gomez-Carillo Enrique
Le Chef de Bureau de l'Etat-Civil,
Décédée le
Le Chef de Bureau de l'Etat-Civil,

安東與康綏蘿的結婚證書

1931年4月23日：
婚宴菜單

（菜單）
開味菜
水煮羅亞爾河鮭魚佐荷蘭醬汁
香煎小牛胸腺薄片
串烤勒芒閹雞佐萵苣沙拉
蘆筍尖佐蛋黃醬
糖衣冰淇淋佐水果籃

V I N S

BARSAC CLOSSMANN

CHATEAUNEUF DU PAPE 1923

ASTI BOSCA

M E N U

Hors d'Oeuvre Variés
-:-
Saumon de la Loire
Poché
Sauce Hollandaise
-:-
Médaillon de Riz de Veau
Sauté Clamart
-:-
Chapon du Mans à la Broche
Salade de Laitue
-:-
Asperges en Branches
Sauce Mousseline
-:-
Glace Pralinée
Corbeille de Fruits
-:-

La Baronne douairière de Fonscolombe & la Mole La Comtesse de Saint Exupéry ont l'honneur de vous faire part du mariage de leur petit-fils et fils le Comte de Saint Exupéry Chevalier de la Légion d'Honneur avec Madame de Gomez Carrillo née de Suncin de Sandoval.

La bénédiction nuptiale leur a été donnée dans l'Eglise d'Agay Var le 23 Avril 1931.

Château de Saint Maurice de Rémens Ain

Madame de Suncin de Sandoval a l'honneur de vous faire part du mariage de sa fille Madame de Gomez-Carrillo avec le Comte de Saint Exupéry Chevalier de la Légion d'Honneur.

La bénédiction nuptiale leur a été donnée dans l'Eglise d'Agay Var le 23 Avril 1931.

10 Avenue Dariot Nice

除了空中的暴風雨與他內心的風暴之外，
他沒有固定的時間表。——康綏蘿

把康綏蘿這樣需要你的人留下來是件很糟糕的事。
讓人感到回來提供保護與庇護的極大需要，
讓人對著這片阻礙你盡義務的沙漠乾焦急，
讓人想要把山脈移開。不過我原本需要的是您。
從前保護我、庇護我的都是您；
而我像隻小山羊那般自私呼喚著您。
——1936年1月3日於開羅寫給瑪莉的信

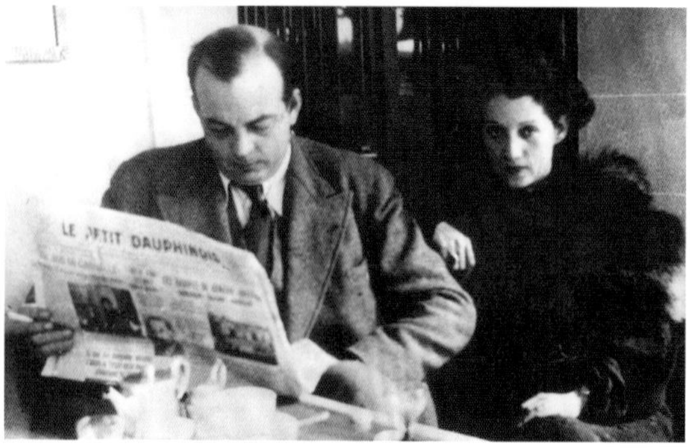

1931年：你愛康綏蘿——她是你來自新世界的妻子。
她成為你的「島嶼小鳥」、「源源不絕的啁啾聲」、你「親愛的小矮人」、你的「地榆」。
「安東屬於康綏蘿，一九三一年；康綏蘿屬於安東，一九三一年」——這就是刻在結合你們的婚戒內側的銘文。
你們共度了十二年的愛情與分別、忠實與不忠、決裂與復合、夜間漫遊、離開、返回、流亡與彼此錯過。她忍受著身為飛行員妻子帶著風險的孤獨，以及在你夜間飛行之際等待的焦慮。她愛你的詩人派頭、你的巨人樣貌，以及你的笨手笨腳。

心中的風暴

De la tempête dans le cœur

康綏蘿的手提包

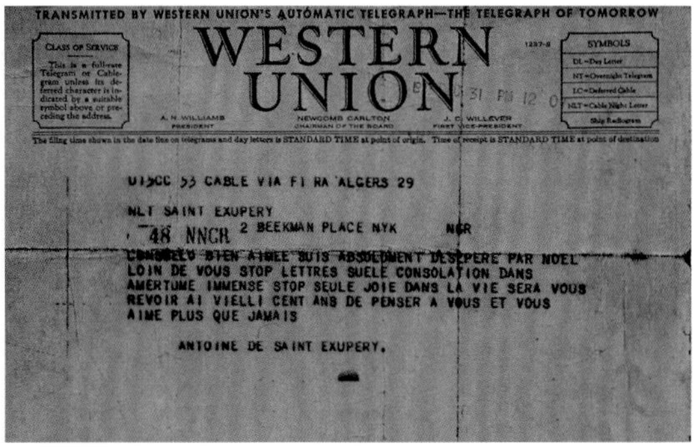

TRANSMITTED BY WESTERN UNION'S AUTOMATIC TELEGRAPH—THE TELEGRAPH OF TOMORROW

WESTERN UNION

CLASS OF SERVICE
This is a full-rate Telegram or Cablegram unless its deferred character is indicated by a suitable symbol above or preceding the address.

A. N. WILLIAMS PRESIDENT | NEWCOMB CARLTON CHAIRMAN OF THE BOARD | J. C. WILLEVER FIRST VICE-PRESIDENT

SYMBOLS
DL=Day Letter
NT=Overnight Telegram
LC=Deferred Cable
NLT=Cable Night Letter
Ship Radiogram

The filing time shown in the date line on telegrams and day letters is STANDARD TIME at point of origin. Time of receipt is STANDARD TIME at point of destination

U15CC 53 CABLE VIA FI RA ALGERS 29

NLT SAINT EXUPERY
48 NNCR 2 BEEKMAN PLACE NYK NGR

CONSUELO BIEN AIMEE SUIS ABSOLUMENT DESEPERE PAR NOEL
LOIN DE VOUS STOP LETTRES SUELE CONSOLATION DANS
AMERTUME IMMENSE STOP SEULE JOIE DANS LA VIE SERA VOUS
REVOIR AI VIELLI CENT ANS DE PENSER A VOUS ET VOUS
AIME PLUS QUE JAMAIS

ANTOINE DE SAINT EXUPERY.

康綏蘿的晚宴小手絹與帽子

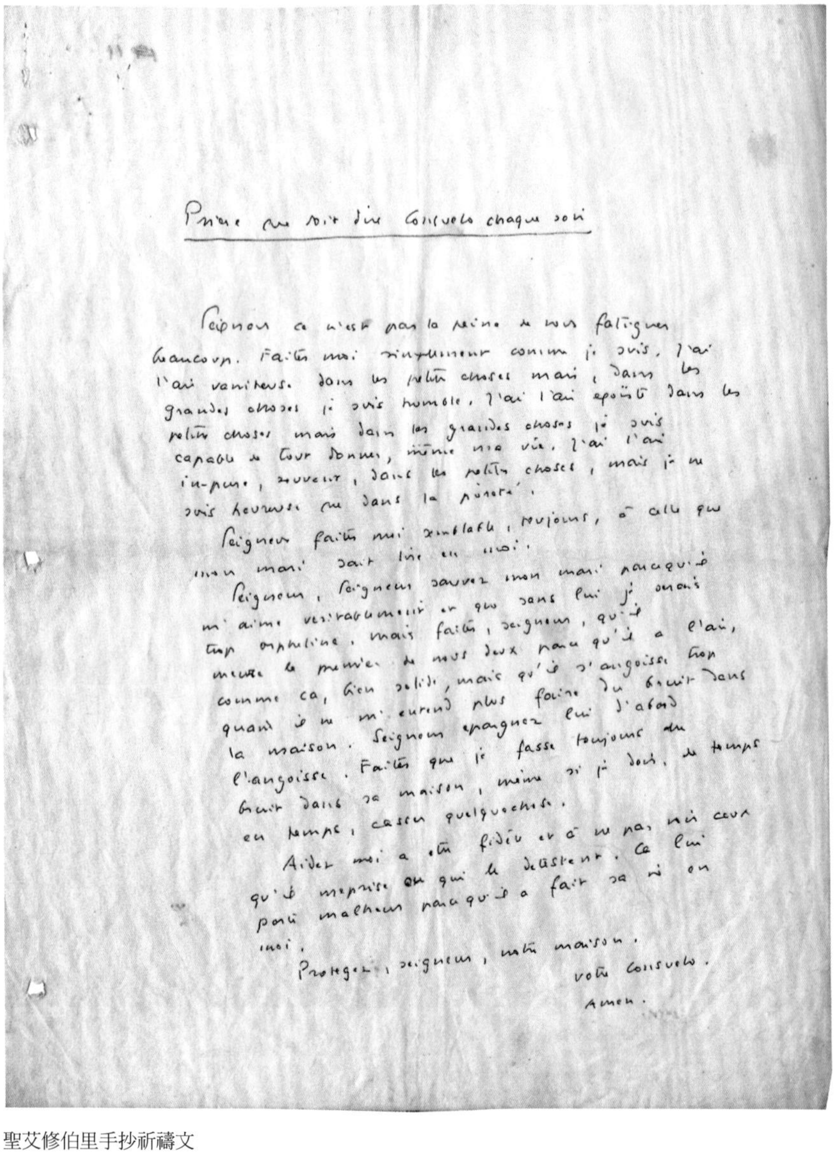

Prière que doit dire Consuelo chaque soir

Seigneur ce n'est pas la peine de vous fatiguer beaucoup. Faites moi simplement comme je suis. J'ai l'air vaniteuse dans les petites choses mais, dans les grandes choses je suis humble. J'ai l'air égoïste dans les petites choses mais dans les grandes choses je suis capable de tout donner, même ma vie. J'ai l'air impure, souvent, dans les petites choses, mais je ne suis heureuse que dans la pureté.

Seigneur faites moi semblable, toujours, à celle que mon mari sait lire en moi.

Seigneur, Seigneur, sauvez mon mari parce qu'il m'aime véritablement et que sans lui je serais trop orpheline, mais faites, Seigneur, qu'il meure le premier de nous deux parce qu'il a l'air, comme ça, bien solide, mais qu'il s'angoisse trop quand il ne m'entend plus faire du bruit dans la maison. Seigneur épargnez lui d'abord l'angoisse. Faites que je fasse toujours du bruit dans sa maison, même si je dois, de temps en temps, casser quelque chose.

Aidez moi à être fidèle et à ne pas voir ceux qu'il méprise ou qui le détestent. Ça lui porte malheur parce qu'il a fait sa vie en moi.

Protégez, Seigneur, notre maison.

votre Consuelo.

Amen.

聖艾修伯里手抄祈禱文

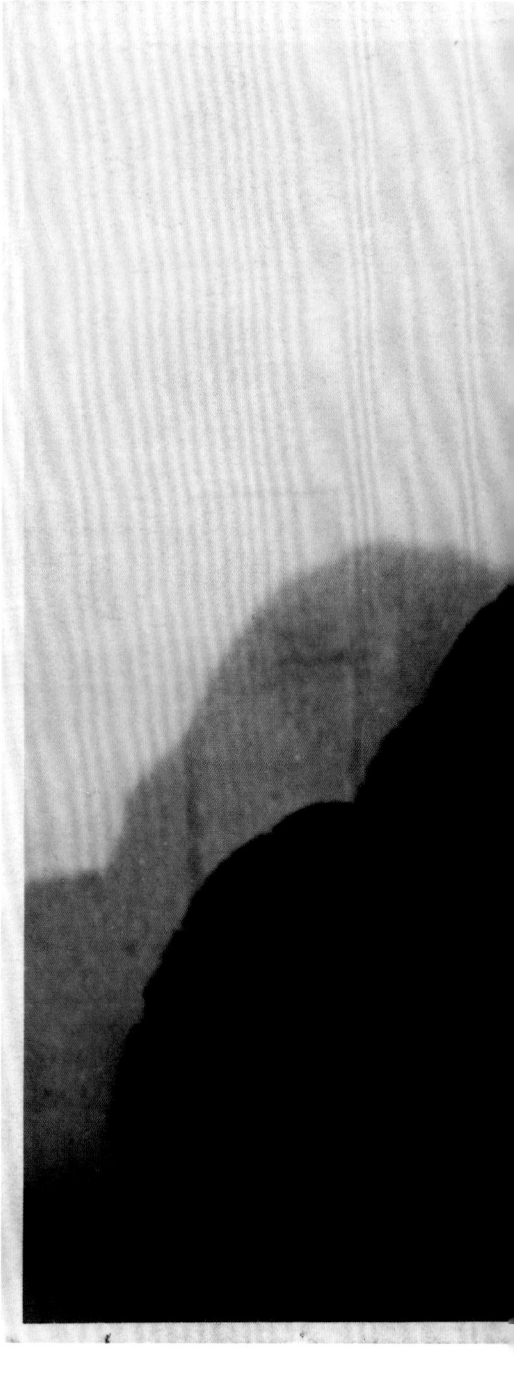

1943年：你為康綏蘿寫下這段禱詞——

並在1944年1月寄給她。

康綏蘿每天晚上要說的禱詞

主啊，不需要讓您勞累，只要讓我做我自己就行了。
在微不足道的小事裡，我似乎是愛慕虛榮的，
但是在關鍵的大事裡，我願意奉獻全部、甚至是我的性命。
在微不足道的小事裡，我似乎經常是不聖潔的，
但是只有在聖潔裡，我才會感到幸福。
主啊，讓我永遠成為我丈夫懂得解讀的那個我。
主啊，主，請拯救我的丈夫，因為他真的很愛我，
如果沒有他，我將落得孤苦伶仃。但是請讓他先我離開人世，
主，因為他看起來好像很堅強，卻總是焦慮不安。
如果在這房子裡再也聽不見我發出的聲響，
主啊，請先讓他遠離焦慮，讓我在這個家一直製造聲響，
即便是睡覺的時候偶爾也會打破東西。
請幫助我保持忠貞的心，不要去看那些
他不屑或是討厭的人一眼，
免得為他帶來不幸。
因為他在我身上繁衍他的生命。
主啊，請保佑我們的家，
您的康綏蘿。阿門。

——**安東為康綏蘿寫下的禱詞**

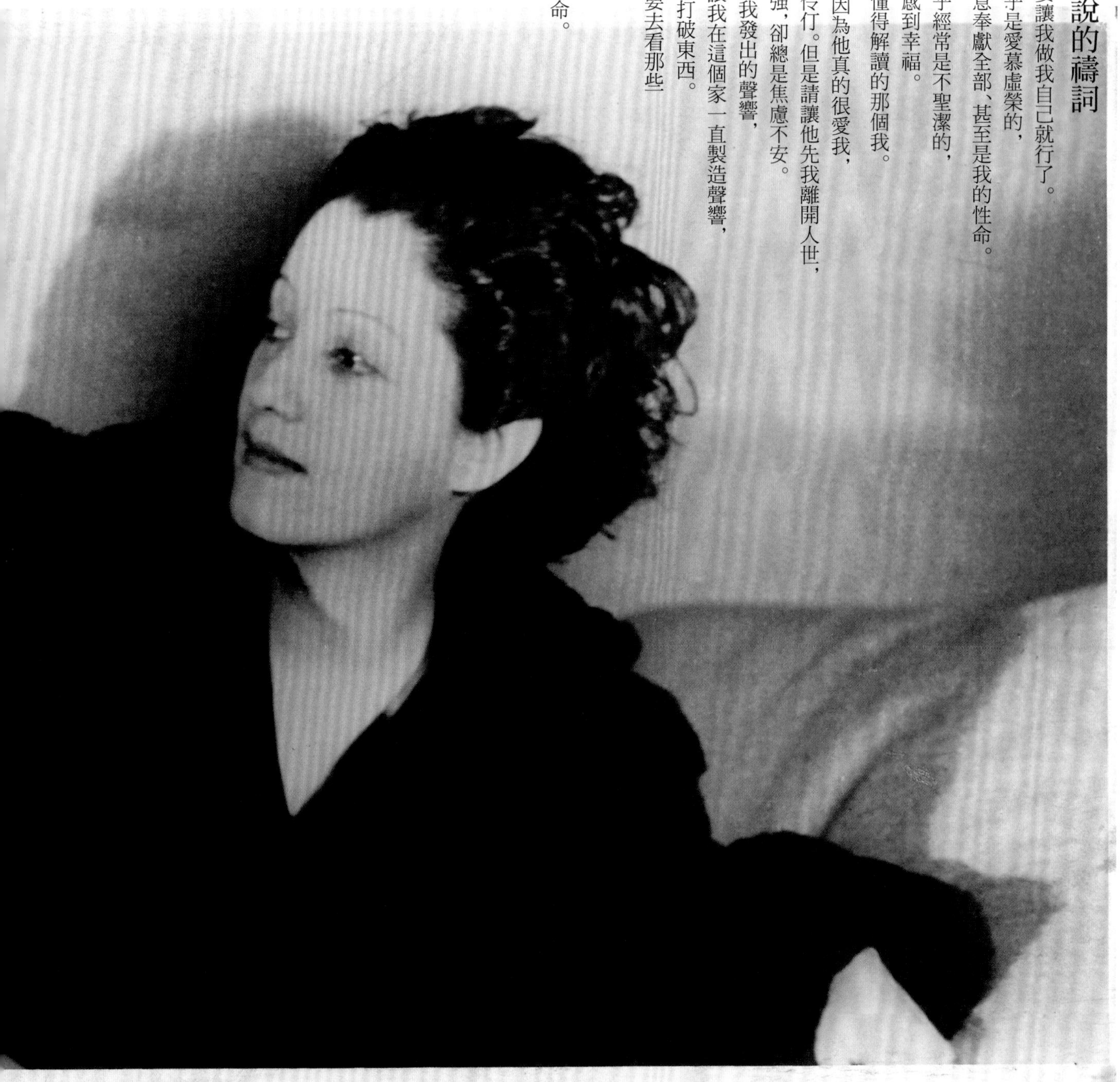

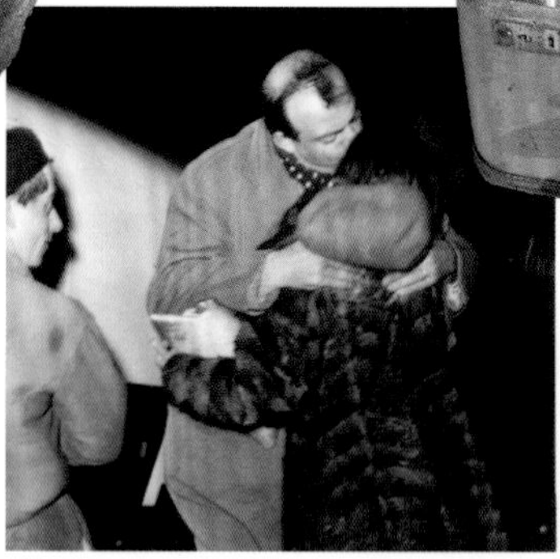

1937年：**你傷了你的玫瑰**——你同時對她忠實又不忠。她為你短暫的外遇所苦，那麼多的外遇。她為她永遠的情敵奈莉·德·弗桂所苦。你們經歷了人生漩渦的起起伏伏。以某種方式，你從未完全與她在一起，也從未完全離開她。你同時過著單身漢與已婚者的生活。然而愛情依然存在。當你拋下她、讓她落入伯納·傑費斯的懷抱中時，你又曉得怎麼把她再搶回來。不管是孤獨地被丟在呂貝宏，還是當她來到紐約與你會合，她都沒有停止愛你，儘管有那些希薇亞、薇拉、安娜貝拉和娜妲莉。儘管她一直被你的家人當成讓你受其魅力所惑的漂亮壞女巫，你也沒有停止過想要愛她並且保護她的意願。

玫瑰之愛
L'amour de la rose

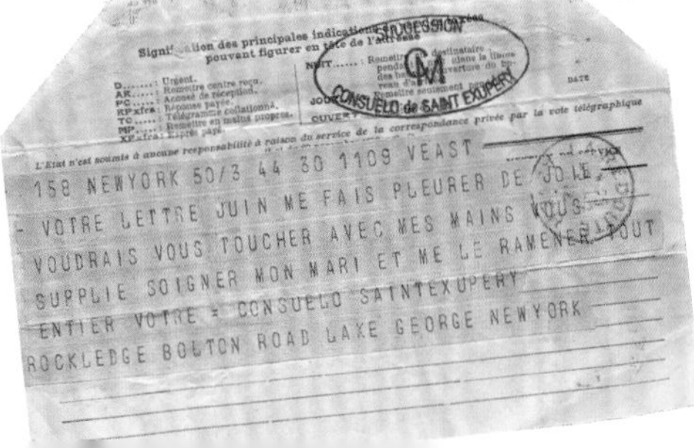
158 NEWYORK 50/3 44 30 1109 VEAST
VOTRE LETTRE JUIN ME FAIS PLEURER DE JOIE
VOUDRAIS VOUS TOUCHER AVEC MES MAINS VOUS
SUPPLIE SOIGNER MON MARI ET ME LE RAMENER TOUT
ENTIER VOTRE = CONSUELO SAINTEXUPERY
ROCKLEDGE BOLTON ROAD LAKE GEORGE NEWYORK

康綏蘿致安東的電報

紐約市畢克曼廣場二號
我的東尼歐，我親愛的：
我在貝文居的小客廳裡，《小王子》的書就在他誕生的那張桌子上。就我一個人，與漢尼拔和我的老護士安東奈特一起。我留她在身邊是因為她與我一起為你的離去流淚。每個月我都考慮要辭退她好節省開支，但她卻還在這裡。我從來不知道要怎麼存錢。我跟你說這些並不覺得驕傲。我是那麼不在乎地球上的東西，甚至地球本身！吾愛，你何時才回來？我不知道怎麼好好寫信給你，我每寫一句就要摘下眼鏡，因為要擦眼淚；不過在這裡，坐在你去年用過的書桌前，我感覺你離我比較近。
我的東尼歐，我不想要你難過，我不想要你孤獨得像一隻沒有花朵的蝴蝶。吾愛，既然你給我照顧你的心、你的身的權利，你就拿走我全部的芬芳、全部的靈魂吧。用一陣清風為你的臉帶來清爽，撫摸你那雙我如此鍾愛的手！
（⋯）我要用一個如此巨大的吻擁抱你直到你回來。

你的妻子

——康綏蘿寫給安東的信

康綏蘿・德・聖艾修伯里的
帽子、衣服、
行李箱、皮夾。

1944年2月22日
東尼歐，我的飛魚，我唯一的蝴蝶，我的愛，我的魔術盒：你的上一封信我已經牢記在心，我需要其他的信來讓我在焦慮與等待中度過的漫漫長日變得比較好過。儘管我努力要工作，面對著我正在作畫的畫布，我卻心想：有什麼用呢，這幅畫是為了誰而作，那個人也許甚至不美。我找到了對我的焦慮說謊的方法。
我對著放在我面前的你的畫像說話。畫有一公尺見方。你的眼睛是深沉的湖泊，我能摸著你的嘴巴——不過與畫中的嘴巴相較之下，你的嘴巴好小。
我想起你的微笑，我相信就是你微笑的魔力讓我成為你一生的伴侶。沒有人像你那樣懂得笑。我知道那是一個不同於其他笑容的笑，你很清楚我想要說的意思。對我來說那是恩澤、某種對這塊土地上的美麗事物道謝的方式。就好像樹上結的果實。你的微笑薰香了我的心，如果我是個魔法師，我就會讓你的微笑永遠存在，好讓你小小嘴巴的韻律成為永恆。

——1944年2月22日，康綏蘿寫給安東的信

我的好太太：
我們不是生來要過這種生活的。我會帶你去美麗的國度，那裡還留有一點點的神祕；那裡的夜晚涼爽得像一張床，能讓全身的肌肉得到休息；在那裡我們還能馴養星星。

安東尼歐

康綏蘿的照片。1937年，曼雷（Man Ray）為其「剛果時尚」系列作品所拍攝。

1927年，你遇見艾蓮瑪莉·昂立葉——又叫做「奈莉」，當時她只有十九歲，
剛剛嫁給你博舒埃中學的老同學尚·德·弗桂。你們倆於一九三四年再度重逢，那時你三十五歲，她則是二十七歲。
康綏蘿的頭髮有多黑，她的頭髮就有多金。她是貴族，富有的女繼承人，有頭腦、有文化、懂得做生意的女子。
她同時成為你的心上人、你吐露所有失意的知己、你的繆思之一、你的情婦、你通信的對象。
她甚至是你最後幾封信的收件人之一。她也沒停筆，為了紀念你，她以「皮耶·謝弗葉」之名寫下你的傳記。

奈莉：心上人
Nelly : l'amie de cœur

道德?喔!那是行不通的。我無法忍受這個時代,
我就是無法忍受。什麼都變得嚴重。讓人腦黑心冷。
一切都很平庸。一切都很醜陋。我尤其責怪他們
不去建立歡樂,不去募捐。
不從人們身上抽取任何東西。非常奇怪。
我在世上從來沒有、從不曾感到如此孤寂。
我有一股無法慰藉的憂愁。我不知道我是否能從中痊癒。
沒有人能治療我。這個國家人性的悲慘到什麼程度啊!
這個垃圾大陸。這條完全毀損殆盡的備用車道。
我的天,儘管在人生中我還曾經感到快樂過幾回——
從來不持久。為什麼我再也沒有權利
得到一個上午的太陽?悲傷啊,
悲傷的是我不再有任何期待。
噢!不,我的悲傷不是具體的。我很清楚自己
無法忍受社交的焦慮。我有如貝殼,填滿了那種雜音。
我不知道該怎麼獨樂。郵政航空公司便是歡欣喜樂。
然而當時是何其盛大啊!我無法在這種悲慘之中
繼續生活下去。我再也辦不到。

——1943年12月寫給奈莉・德・弗桂的信,
1944年2月18日才寄到

兩張安東所畫的女子圖片

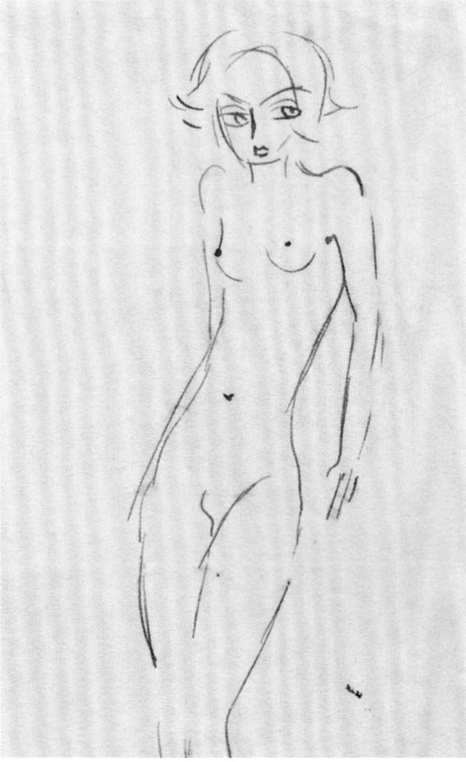

安娜貝拉的照片

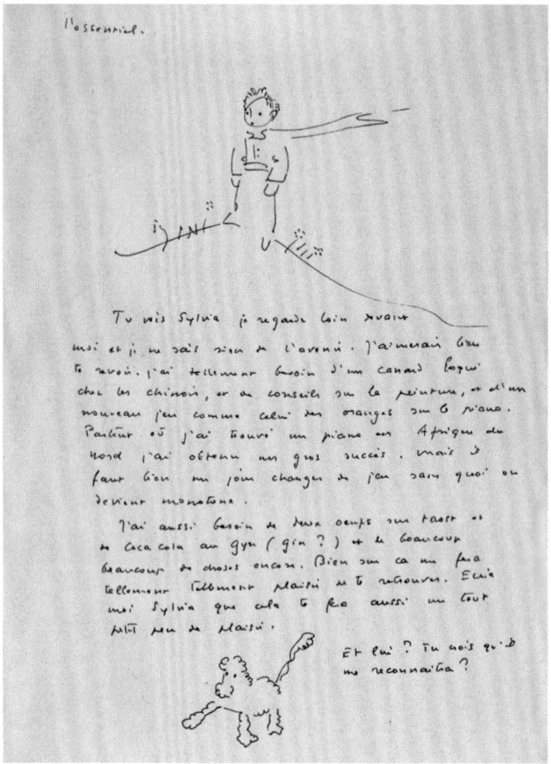

l'essentiel.

Tu vois Sylvia je regarde loin devant moi et je ne sais rien de l'avenir. J'aimerais bien te revoir. J'ai tellement besoin d'un canard laqué chez les chinois, et de conseils sur la peinture, et d'un nouveau jeu comme celui des oranges sur le piano. Partout où j'ai trouvé un piano en Afrique du Nord j'ai obtenu un gros succès. Mais il faut bien un jour changer de jeu sans quoi on devient monotone.

J'ai aussi besoin de deux oeufs sur toast et de Coca cola au gyn (gin ?) et de beaucoup de choses encore. Bien sur ça me fera tellement tellement plaisir de te retrouver. Ecris moi Sylvia que cela te fera aussi un tout petit peu de plaisir.

Et lui ? Tu crois qu'il me reconnaitra ?

1944年，安東於阿爾及爾寫給希薇亞・漢米頓的信。

1942年3月，你在紐約認識了希薇亞・漢米頓－雷恩哈特，當時康綏蘿剛來與你會合。她二十八歲，你四十二歲，你們形影不離。後來你又遇到了薇拉，再來是娜妲莉・帕雷，流亡的美麗俄國公主，然後還有好多別的女子。還應該要列出娜妲・德・布拉岡斯。不過，能像希薇亞與娜妲莉那樣成為你靈魂知己的人就比較少。康綏蘿儘管為此而苦卻也明白：每一刻，你身邊都要有一顆閃亮的星星相伴，以軟化你生命的歷程。

希薇亞、娜妲莉和其他女子

Silvia, Natalie et les autres

兩張娜妲莉・帕雷的照片，1936年由曼雷所拍攝。

無論你做什麼，都比不過把你那牧羊女的手放在我的額頭上更好。
我迷失了方向又不快樂，讓我歸隊吧。
我是盲目的，指引我一條明路吧。
我乾渴到了極點，讓我對我的愛慷慨吧。
如果不是很有用就別讓我太難過，並且像你從未做過那樣地拯救我。
祝你永遠平靜

——1942年在紐約寫給娜妲莉・帕雷的信

好希薇亞：
我在愛情中暈頭轉向。在愛情中，我令人失望並且兩相矛盾。
不過無論是情感還是友誼，一旦在我身上萌了芽，就無法停止生長。
好希薇亞，我是個很差勁的水手。我的船對你來說不會平穩，
而且我不知道要往哪裡去。你們所有的指責我都該受，毫無例外。
在此同時，我的柔情到了極限。
當我把手放在你們的額上，我想要在其中填滿星星……

安東

——1942年10月在紐約寫給希薇亞・漢米頓的信

希薇亞：
前天發生了可怕的事：我的妻子在街上受到攻擊。為了搶她的手提包，
有人在她頭上重重敲了一記。我找到她的時候她非常不舒服，
四十八小時以來，我待在她床邊動也沒動，我明白到：
要是我的妻子遇害，我就活不下去了。我明白到我對她的深情重意。
我突然不可思議地感到自己對她負有責任，就像個船長那樣。我覺得
彷彿只有我時時刻刻的警戒才能讓這段可怕的航向太陽之旅得以成功。

安東

——1942年在紐約寫給希薇亞・漢米頓的信

希薇亞：
啊！好希薇亞，我實在太疑惑、太混亂了，無法平靜地生活在這個星球上。
不過我感到最遺憾的事，就是讓我愛的人難過。我沒有辦法忍受，
我求你告訴我，你是打從心底原諒我。你是那麼地了解我。
你知道我不是個壞人。你知道最難過的人是我。

安東

——1944年10月在阿爾及爾寫給希薇亞・漢米頓的信

見證的工作總是令我害怕。
如果不參與，我算什麼？
爲了存在，我需要參與。
——《戰鬥飛行員》

採取行動——聖艾修伯里與戰爭

1939年8月26日：東尼歐，你總是參與行動，
因為行動能撫慰你的焦慮之苦。在宣戰前八天，
你匆匆地從美國趕回來，以避免被留在正在準備的戰鬥之外。
你被動員到土魯斯……擔任教官，讓你失望到極點！

LES ACTES QUI ENGAGENT
Saint-Exupéry et la guerre

1939年12月，阿地斯蘇隆基地，安東·德·聖艾修伯里在第三十三聯隊第二大隊的指揮桌前。

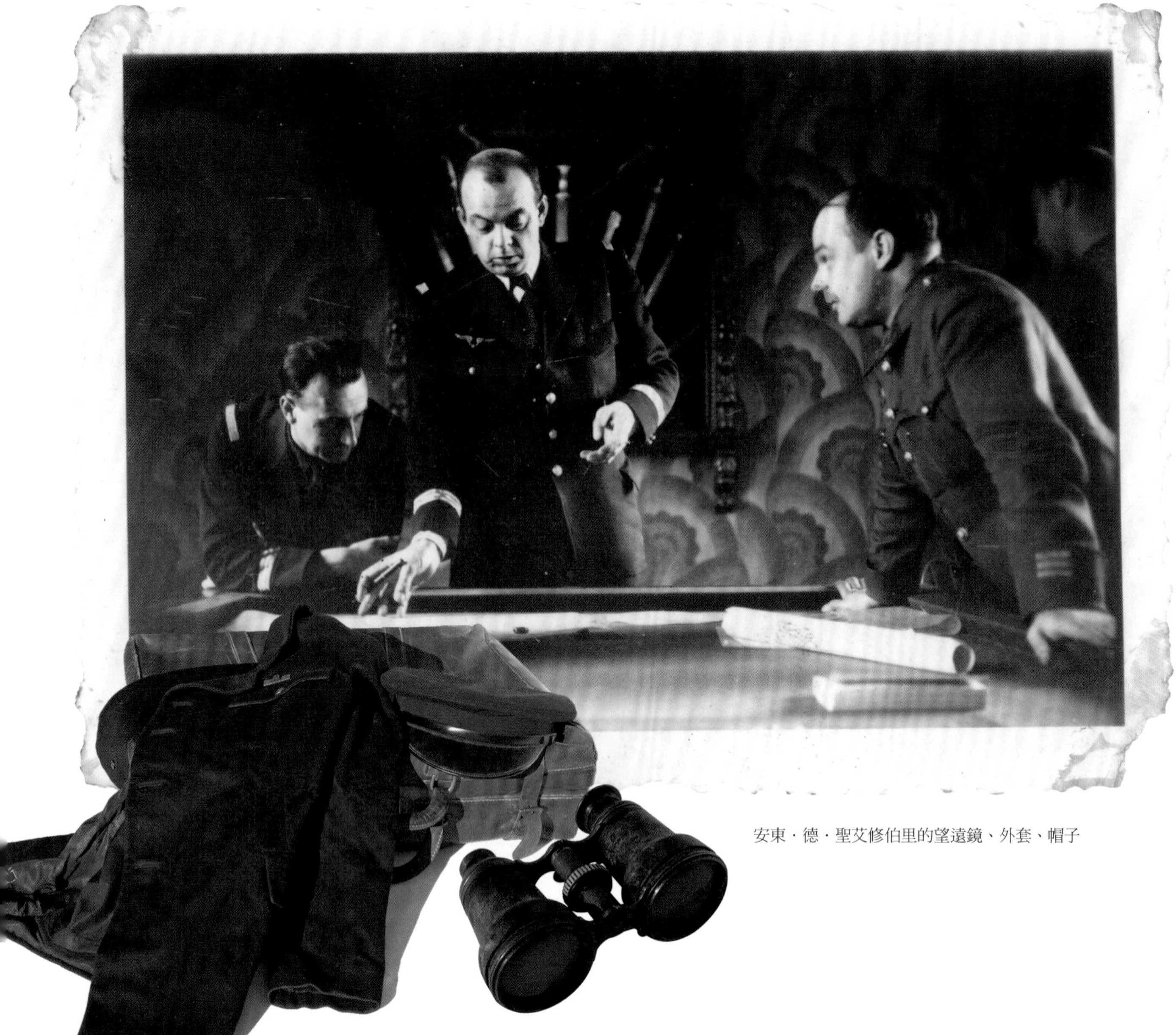

安東·德·聖艾修伯里的望遠鏡、外套、帽子

你覺得自己無用武之地。你渴望行動、追擊，渴望真正的戰鬥。因為你的堅持，
你在1939年12月3日奉派到頗具盛名的第三十三聯隊第二大隊，基地位於埃納省的歐爾貢德。
第三飛行小隊的標誌是斧頭。你練習駕駛波特茲63型飛機。

第三十三聯隊第二大隊

Le groupe 2/33

第三十三聯隊第二大隊的識別證

N° 101

Corps ou Service : GROUPE AERIEN 2/33.

=o=

ATTESTATION D'IDENTITE

=o=

Je soussigné (1) : Cne SCHUNCK, cdt G.A. 2/33.

atteste que (2) M: DE SAINT-EXUPERY

ANTOINE, Capitaine.

né à (3) LYON le 29 juin 1900

appartient au (4) GROUPE AERIEN 2/33

(1) Nom, Prénom, Qualité (Chef de Corps ou de Service).
(2) Nom, Prénom, Grade.
(3) Date et lieu de naissance.
(4) Désignation du Corps ou de Service.
(5) Chef de Corps ou de Service.

La présente attestation est délivrée pour tenir lieu de pièce d'identité. Elle ne peut en aucun cas servir de titre de circulation.

A S.P. 897, le 10 Décembre 1939

Le (5) Capitaine SCHUNCK

commandant p.i. le Groupe Aérien 2/33

Extrait du J.O. du 16 Sep

他們要我在這裡當個教官，不止管飛航，
還要管控厚重的炸彈，所以我很悶、很不快樂，
只能閉上嘴。救救我，讓我加入戰鬥機中隊吧。
你很清楚我並不喜歡戰爭，不過我不可能留在後方
不讓自己承擔任何風險。非戰不可，
但是只要我在土魯斯安安全全地閒晃，我就沒有權利
這麼說，否則會是多麼令人厭惡的角色！
給我權利，好讓我證明我有權接受這些考驗。
有一種惹人厭的知識分子式的觀念，
宣稱我們應該特別保護這些「有價值的人」。
要藉著參與，我們才能扮演有成效的角色。
「有價值的人」——如果他們是大地的鹽分，
那麼他們就該與大地融為一體。人要是彼此分開，
就不能說是「我們」，硬要套用「我們」這種說詞，
那就是個渾蛋！我之所以想作戰，
是出於愛，出於我內心的宗教。我無法不參與。

——**1939年10月26日，寫給奈莉·德·弗桂的信**

宣傳海報：空中偵查組——與安東·德·聖艾修伯里一起作戰

自殺任務

一個要把戲的民族剛剛邁開了舞步。一個要把戲的民族將成千上萬的砲彈一一朝我們拋來。
彈丸撲來之際沒有角度的變化，看起來還以為它們是靜止不動的，
然而砲彈卻像賣藝人的彩球一樣，賣藝人不照計畫行事，而是任意拋出。砲彈緩緩升空。
我看見這些淚滴狀的光芒穿過滑膩的寂靜流向我。雜耍者的把戲便浸淫在這片寂靜當中。
機關槍或是大砲的每陣急射都打出成百上千的砲彈或磷光彈，相繼而來宛若一串念珠的珠子似的。
上千串富彈性的念珠朝我們拉長飛來，直到斷線散開，在我們的高度爆裂開來。
事實上，橫面看去，這些未擊中我們的砲彈在線性的路徑中呈現出令人目眩的樣貌，
由淚滴狀轉變為閃電。而就在此時，我發覺自己淹沒在大量麥稈顏色的彈道之中。
我就這麼置身於拋出的飛茅所形成的這片茂密灌木叢正中心，
處於這件我不知有多麼令人眼花撩亂的針線之作的威脅之中。
整片平面與我相連，並且在我周遭交織成金線所形成的短暫閃現的網絡。
我還能活多久？十秒？二十秒？我不斷遭受爆炸的震盪衝擊。
比較靠近飛機的爆炸對飛機的影響，就好像朝砂石車裡傾倒岩石那般。
在那之後，整架飛機發出一種幾乎像是音樂的聲響。奇特的嘆息聲……
不過這些卻只是未命中的砲火。在這裡好像打雷似的。爆點愈近就愈單純。
有些衝擊很輕微，只是爆炸的碎片在我們的機身上標出了記號。
野獸並不推倒牠所殺害的牛隻；牠穩穩地把爪子插進去，卻不向旁邊劃開。
牠占有了牛隻。就像這樣，擊中目標的子彈僅僅只是嵌入機身，宛若嵌入肌肉中似的。

——《戰鬥飛行員》

這個星期，三項任務中只有一個人回得來。戰況激烈，出任務顯得更加危險。
此時如果我們屬於回得來的那種人，我們也沒話好說。

——《戰鬥飛行員》

我也經歷過某些冒險：創建郵務航線的艱辛、撒哈拉沙漠的部族之爭、南美洲之行……
然而戰爭並不是真正的冒險，而只是冒險的代替品。「冒險」建立在其所創造之關聯的豐富上，
它提出問題，它激發創造。只是在擲銅板的把戲中加入生死關頭，
是不足以將之轉變為冒險的。戰爭並非冒險，而只是疾病，就像傷寒那樣。

——《戰鬥飛行員》

1940年5月23日——你從奧利機場起飛，駕駛布洛什174型24號飛機，
任務目的是要「劃分出阿拉斯與杜埃之間友軍與敵軍的界線」。這根本是個自殺任務。
法國一敗塗地，人民流離失所。你能活著幾乎是個奇蹟。在宛如地獄的阿拉斯上空，
一切都被推翻了。你的任務改變了你。彷彿從長眠中醒轉，你重新看見你原本不再去看的東西。

阿拉斯
Arras

Poursuivre le combat

繼續戰鬥

1940年6月20日——法國戰敗了。可是你沒辦法放棄。你一定要繼續戰鬥。你駕駛超重的法爾曼21型飛機飛往阿爾及爾，降落時飛機差點裂成兩半……

1940年7月——阿爾及爾沒有回應你的期待。你被解除動員了。你回到歐陸。

繼續作戰

我在波爾多偷了一架飛機。
飛機上載滿了我在路上徵召來的四十名飛行員。
我把他們帶到北非好繼續作戰。
我們作戰的目的為何？
目的是為了捍衛我們的本質——
更勝於捍衛我們的法律、
更勝於捍衛我們的財產……
我們作戰是
為了讓他人沒有權利當眾閱讀我們的信件，
為了讓個人不受到群眾的壓抑，
為了讓有宗教信仰的人可以隨意祈禱，
為了讓詩人能夠按照自己的喜好任意書寫。
我們戰鬥，為的是贏得一場
正好位於我們內在王國邊界的戰爭。

——1943年夏天，寫給某人的信

撤退

我知道我自己為什麼討厭納粹主義，主因便是納粹主義毀壞了人類關係的本質（…）
我大可在沙漠的匱乏之中度過好多年並且樂在其中，因為我擁有忠實的伙伴。
今天這個世界很詭異地背棄了造就世界之偉大的東西……
納粹主義者讓猶太人成為卑劣、貪汙、背叛、剝削、自私自利的象徵，
他們絲毫不掩飾對我們保護猶太人的企圖感到憤慨。於是他們指控對手企圖挽救世界上貪汙、背叛、剝削等惡的精神象徵，而這點把我們帶回到黑人圖騰禁忌的時代。
我個人拒絕這類集體情緒。我拒絕這類可蘭經式的簡化，我拒絕創造代罪羔羊。
我拒絕這種十足神聖異端審判的純粹意圖。我拒絕這種徒勞無益地造成人類血流成河的空洞說法。
我在此刻得知有一架飛機啟程飛往法國。我悲傷得無以復加。有太多事情令我反感。
我盡我所能地把危害降到最低，然我感到徹底的絕望。有一天，我們一定會回來……

——1940年10月7月寫給奈莉·德·弗桂的信

1940年6月波爾多
我親愛的好媽媽：我們起飛前往阿爾及利亞了。我擁吻您，一如我愛您。

安東

——1940年6月於波爾多寫給瑪莉的信

法爾曼F223-4 3 F-AROA型飛機

安東給美國的參考文件

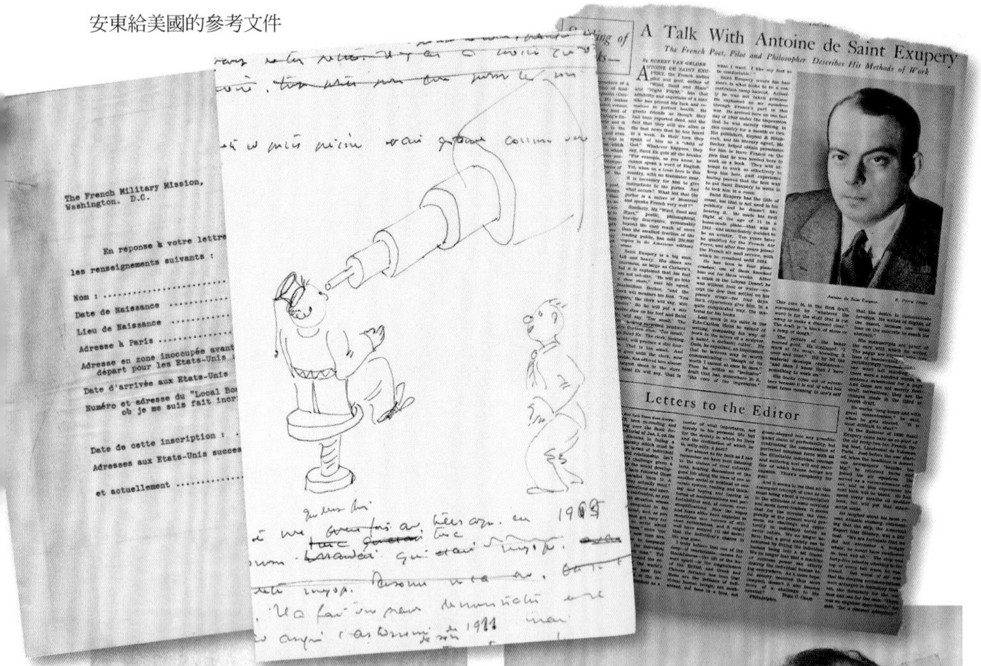

1941年安東與導演尚・雷諾瓦的合照

1943年出發去突尼西亞前的最後一張夫婦合影

1940年12月31日——你前往紐約，想說服美國人參戰⋯⋯侵蝕法國的這種內戰令你痛心。你不喜歡分裂的法國人。你不喜歡亟欲收服你的維琪政權。你不信任戴高樂將軍，因為在紐約的戴高樂一派距離他們聲稱捍衛的主張太過遙遠了。而且，在你眼中，沒有人有權代表法國。貝當沒有，戴高樂也沒有。沒有任何一個個體可以單獨代表這個人類的社會。

說服美國人
Convaincre les Américains

戰敗者

我不會將自己從戰敗中分離出來，
儘管戰敗往往讓我感到屈辱。我來自於法國。
法國創造出諸多雷諾瓦、諸多巴斯卡、
諸多巴斯德、諸多紀堯梅與諸多奧斯帝；
法國也創造出一些無能的人、政客、騙子。
不過，如果只倚仗其中一些人的名聲，
卻否定與另一些人的一切關聯，
就顯得未免太過簡單了。戰敗造成分裂。
戰敗毀壞了原本建立的東西，
這樣便有滅亡的威脅：
我不會去促成這些分裂，
我拒絕把災禍的責任
歸在那些與我想法不同的同胞身上。
從這些沒有法官的審判中
得不出任何意義。我們全都是戰敗者。
我呢，我被人打敗了。只有我接受了
為自己的家感到羞辱的這份心情，
我才能對自己的家有所作為。
我的家屬於我，一如我屬於我的家。
但是假使我拒絕屈辱，
我的家便會分崩離析，
然後我便要孤單獨行——儘管萬分自豪，
卻比死人還要空洞又不具意義。

——《戰鬥飛行員》

因世界的不同而富有

因世界的不同與個人的幸福
而富有的我們，首先要捍衛的，
就是當我們在捍衛我們自己的幸福之際，
也要捍衛他人的幸福，
因為他人的幸福就是我們的幸福……

——〈寫給美國人的信〉

1942年安東在蒙特婁。

攝於阿爾及爾，亞里亞士隊長與安東。

1943年在貝克曼廣場的安東。

安東的美式撲克牌，由康綏蘿所藏。

我們是為了人類而戰

我們是為了人類而戰，
為了讓人類不要被盲目的群眾壓垮，
為了讓畫家盡情作畫，
儘管這位畫家不為他人所理解。
為了讓學者得以推測，即使這位學者
一開始看來似乎並不正統。
我們是為了這個世界所有的父親而戰，
以及為他們的兒子而戰；
為了讓每個家庭的餐桌
浸淫在安穩的慈愛之中；
為了讓兒子不會對政黨的小隊長
出賣自己的父親；
為了讓朋友們不至於互相背叛；
也為了讓弱者受到
法律、規章與世界規範的保護，
儘管他沒有能力捍衛自己的穿著，
也得以保有自己的服飾。

——〈寫給美國人的信〉

安東・德・聖艾修伯里位於他的飛機「閃電號P38」的駕駛艙；約翰・菲利普攝。

1943年4月2日——你前往北非加入第三十三聯隊第二大隊。你的流亡結束了，你終於可以戰鬥了。你覺得自己既老、又重，又疲憊。你的身體很疲倦。你的朋友朱勒・華依說你的眼神像一隻被釘在天花板上的夜行飛禽。不過你很勇敢。有所行動的時期穿插著無所事事的時期——當他們讓你「失業」的時候。政治又找上你；而就像在美國那時一樣，政治令你感到厭惡。

最後幾次飛行
Les dernières missions

龐大的病體

看啊，康綏蘿，我四十二歲了。我遭受過一大堆意外事故，
甚至不能再跳傘。三天裡有兩天，肝臟是腫的；
兩天裡有一天會感到暈船。在瓜地馬拉的骨折意外之後，
我一隻耳朵不分晝夜都在耳鳴。肉體的不適讓我煩惱無比。
失眠的夜晚耗損在一件無法免除焦慮的工作上，
讓完成工作比移山還要困難。我感到萬般、萬般地疲憊！
縱使我具有萬般留下的理由，縱使我有十個退役的動機，
縱使我已經奮力打過我的戰爭，我還是要出發。我走了(…)
在這時候，我必須參戰。我無法忍受自己距離那些挨餓的人太遠。
我只知道一個與我的良知和平共處的方法，那就是盡可能吃苦，
盡可能去尋找最多的折磨。我會得到很豐厚的折磨的，
像我這種搬兩公斤重的包裹或是從地上撿起手帕來就覺得難受的人。
我出發去受苦，如此一來，我便能與我的同胞同進退(…)
我並不渴望陣亡，不過我十分心甘情願地就這麼睡去。

——**1943年4月，寫給康綏蘿的信**

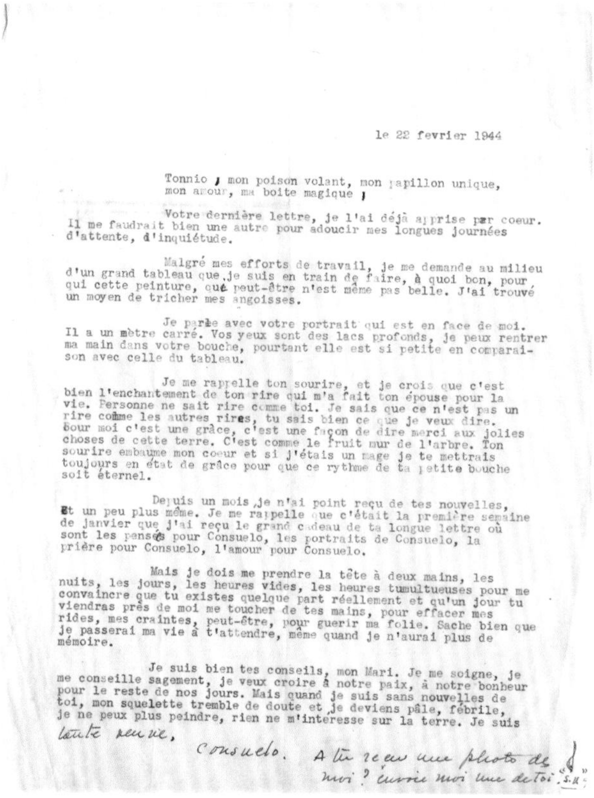

le 22 fevrier 1944

Tonnio , mon poison volant, mon papillon unique,
mon amour, ma boite magique ,

Votre dernière lettre, je l'ai déjà apprise par coeur. Il me faudrait bien une autre pour adoucir mes longues journées d'attente, d'inquiétude.

Malgré mes efforts de travail, je me demande au milieu d'un grand tableau que je suis en train de faire, à quoi bon, pour qui cette peinture, que peut-être n'est même pas belle. J'ai trouvé un moyen de tricher mes angoisses.

Je parle avec votre portrait qui est en face de moi. Il a un mètre carré. Vos yeux sont des lacs profonds, je peux rentrer ma main dans votre bouche, pourtant elle est si petite en comparaison avec celle du tableau.

Je me rappelle ton sourire, et je crois que c'est bien l'enchantement de ton rire qui m'a fait ton épouse pour la vie. Personne ne sait rire comme toi. Je sais que ce n'est pas un rire comme les autres rires, tu sais bien ce que je veux dire. Pour moi c'est une grâce, c'est une façon de dire merci aux jolies choses de cette terre. C'est comme le fruit mur de l'arbre. Ton sourire embaume mon coeur et si j'étais un mage je te mettrais toujours en état de grâce pour que ce rythme de ta petite bouche soit éternel.

Depuis un mois, je n'ai point reçu de tes nouvelles, et un peu plus même. Je me rappelle que c'était la première semaine de janvier que j'ai reçu le grand cadeau de ta longue lettre où sont les pensées pour Consuelo, les portraits de Consuelo, la prière pour Consuelo, l'amour pour Consuelo.

Mais je dois me prendre la tête à deux mains, les nuits, les jours, les heures vides, les heures tumultueuses pour me convaincre que tu existes quelque part réellement et qu'un jour tu viendras près de moi me toucher de tes mains, pour effacer mes rides, mes craintes, peut-être, pour guerir ma folie. Sache bien que je passerai ma vie à t'attendre, même quand je n'aurai plus de mémoire.

Je suis bien tes conseils, mon Mari. Je me soigne, je me conseille sagement, je veux croire à notre paix, à notre bonheur pour le reste de nos jours. Mais quand je suis sans nouvelles de toi, mon squelette tremble de doute et je deviens pâle, fébrile, je ne peux plus peindre, rien ne m'interesse sur la terre. Je suis toute seule,

Consuelo. As-tu reçu une photo de moi? envoie moi une de toi. "S.H."

1943年10月於阿爾及爾

我就快受不了啦。我總是覺得我會吃盡苦頭。
作戰任務原本能讓我平靜。我一點也不在乎他們的手段，
只要我身上具有一種如此乾淨的死亡的平靜。
不過，失業的我感到自己十分悲慘，並且脆弱。我沒有法律上的身分，
而且我再也不了解任何事，什麼也不，對生命一竅不通。
我尤其痛恨論戰，我受不了論戰。論戰對我來說是世上最惡劣的酷刑。

——**1943年10月於阿爾及爾，寫給某人的信**

真是個蠢蛋！我跟兩個白痴將軍共進晚餐。可憐的吉侯。
真是個蠢蛋，而且他周遭還圍繞著那麼一大班蠢蛋。
我在這次面談結束時感到前所未有的沮喪。
很難「不為什麼」而作戰。我不喜歡戴高樂派的頭頭，
由於他們某些層面之故。然而那是一輛火車頭。
前面什麼都沒有，只有一具灰頭土臉的假人，
迂腐又可笑。所以我到底要去哪裡呼吸呢？

——**1943年10月於阿爾及爾，寫給某人的信**

聖艾修伯里在他的閃電號P38型座機機翼上為某次飛行做準備；約翰·菲利普攝。

1944年7月31日——柏戈－巴斯蒂亞基地。在你逾六千五百小時的飛行時數之外，又再加上一項任務：開拓航線飛行員、試飛員、長途與競賽飛行員、戰鬥飛行員……杜利耶用飛行中隊的老吉普車把你載到了機場，他想給你一把柯爾特手槍，你拒絕了；你告訴他你並不害怕，而且反正什麼事也不會發生。他不再堅持，並且拉開那架閃電號飛機位於你頭頂上方的有機玻璃拉門。他又花了十分鐘，在豔陽下確認一切都沒有問題。你抽了最後一枝菸，接著引擎吐出噪音，轟轟作響。你編號223的藍色飛機衝上天空，進行越過阿爾卑斯山上方的任務。時間是上午八點四十五分。到了下午三點鐘的時候，沒有人知道你到底怎麼了……

結局
La fin

可憐的國家

有四次我差點要留下來。我對這點感到狂亂，毫不在乎。
仇恨工廠，對人不尊重的工廠，而他們稱之為所謂的復興（…）
而我呢，我才不在乎呢。去他們的。我暴露在有史以來最赤裸、
最沒有包裝的戰爭威脅之下。絕對的純粹。
有天，我被幾架戰鬥機嚇了一跳，千鈞一髮地逃過了。感覺真好。
並非出於運動員或戰士般的瘋狂，我並沒有那樣的感覺，
而是因為我什麼也不明白，除了重要的本質。
我不把他們的說詞放在眼裡。我不把他們的矯情放在眼裡。
我不把他們的爭論放在眼裡，而且我一點也不懂他們的美德為何。
美德，是像卡旁特拉的圖書館員那樣留下來拯救精神遺產，
是赤裸著乘飛機漫遊，是教懂孩子們閱讀，
是接受自己以單純的木匠身分受死。他們才是國家……
而不是我。我來自於國家。
可憐的國家！

——1944年7月30日寫給皮耶・達洛茲的信

康綏蘿寫給安東的最後一封信，信上的日期是1944年5月27日。

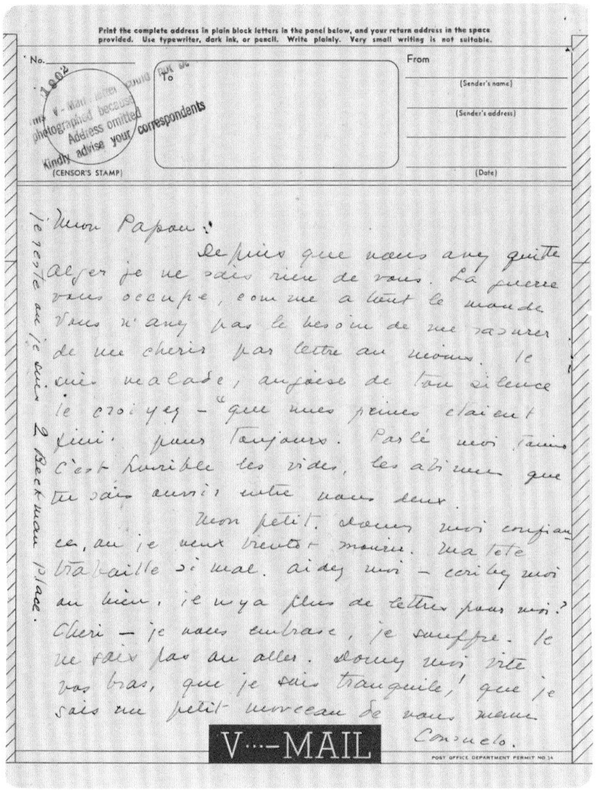

Print the complete address in plain block letters in the panel below, and your return address in the space provided. Use typewriter, dark ink, or pencil. Write plainly. Very small writing is not suitable.

No. To From (Sender's name) (Sender's address) (CENSOR'S STAMP) (Date)

V-Mail letter photographed because Address omitted Kindly advise your correspondents

Mon Papou :
Depuis que vous avez quitté Alger je ne sais rien de vous. La guerre vous occupe, comme a tout le monde vous n'avez pas le besoin de me rassurer de vos cheris par lettre au moins. Je suis malade, angoisse de ton silence je crois — "que mes peines etaient finies pour toujours. Parle moi Tonio C'est horrible les vides, les abimes que tu sais ouvrir entre nous deux.
Mon petit, donnez moi confiance, ou je veux bientot mourir. Ma tete travaille si mal. aidez moi — ecrivez moi au bien, il n'y a plus de lettres pour moi? Cheri — je vous embrasse, je souffre. Je ne sais pas ou aller. donnez moi vite vos bras, que je sois tranquille! que je sois un petit morceau de vous meme.
Consuelo.

Je reste ou je suis 2 Beekman Place.

V-MAIL

POST OFFICE DEPARTMENT PERMIT NO. 14

沒有遺憾

我盡可能深入地參與作戰，儘管我算是
世界上年紀最老的戰鬥機飛行員。
我駕駛的這類單座位殲擊戰機，
服役年齡上限是三十歲。前幾天，
我的引擎在一萬呎的高度故障，
就在安席的上空，
就在我要滿……四十四歲的時候！
真要感謝那些德國戰鬥機。
當我以龜速滑翔越過阿爾卑斯山上空，
我想到那些在北非禁我的書
的超級愛國分子，
不由輕輕地笑了出來。真滑稽。
自從回到飛行中隊以來
（能回來真是個奇蹟），
我什麼狀況都見識過了。
我見識過機件故障、因缺氧而昏迷、
被戰鬥機追逐，在飛行當中失火。
我不認為自己過於小氣，
而我卻覺得自己像個健全的木匠。
這是我唯一的滿足！

此外就只有駕駛飛機出勤，
連續好幾個鐘頭在法國上空
漫遊，攝影能讓我滿足了。
這麼做很奇特。我們在此地
距離仇恨的浴場甚遠，
儘管飛行中隊的成員很親切，
卻還是有那麼一點人性的悲慘。
我沒有任何對象可聽我傾訴。
跟某人一起生存下來
已經是件了不起的事了，
然而精神層面是何其孤獨啊。
如果我墜落了，
我一點也不覺得遺憾。
未來的白蟻窩令我害怕。而且
我痛恨他們機器人式的道德觀。
我啊，生來就是做園丁的料。
讓我擁吻您。

——1944年7月30日寫給皮耶・達洛茲的信

80

安東・德・聖艾修伯里駕駛他的閃電號P38，正準備起飛，進行他最後幾次的飛行任務；約翰・菲利普攝。

那是一個與世界取得聯繫的孩子。
但這個世界是繞著誰所安排的呢？
——《南方郵件》

從天空墜落——聖艾修伯里與死亡

1904年，父親過世，讓死亡很早就在你的人生留下深刻的印象。
接著，是1909年祖父的死、1914年叔叔的死、1917年弟弟馮斯瓦的早夭、1927年姊姊「小鹿」的死……
而這些傷痛只不過是個序幕，其後，不論是在郵政航空公司抑或1940年的第三十三聯隊第二大隊，
你還見到那麼多伙伴因工作或是戰爭的風險被奪去了性命。

TOMBÉ DU CIEL
Saint-Exupéry et la mort

我看起來會像是死了似的，但那不是真的……
你要明白。路太遠了。我沒辦法帶走這副軀體。
太重了。不過它會像一具被遺棄的老舊軀殼。
對於老舊軀殼，是沒什麼好悲傷的……
——《小王子》

1917年7月10日——他十歲。他的面孔永遠是他初領聖體那天的樣貌。
你親自拍下馮斯瓦躺在臨終之榻上的照片。當時是清晨四點。他的相片從來沒有離開你心裡。

他的相片從來沒有離開你心裡

Son portrait ne te quitte jamais

垂危之苦

某天早上，將近四點鐘的時候，護士叫醒我：
「您的弟弟要見你。」「他不舒服嗎？」她什麼也沒回答。
我匆匆穿上衣服就去找弟弟。他以十分平常的語氣對我說：
「我死之前，想跟你談談。我快要死了。」
一陣神經緊張讓他痙攣起來並且住了口。
痙攣發作的時候，他做出「不」的手勢，而我未能理解。
我想像這孩子正在拒絕死亡。不過他又暫時平靜下來，
對我解釋道：「你別害怕……我沒有在受苦。
我並不覺得難受。我沒辦法克制自己。那是我的身體。」
他的身體，這個奇特的領域，已經變成別人的了，
不過他想要嚴肅以對。我這個在二十分鐘內
就要死去的年幼弟弟，他感到亟需把他的遺產託付出去。
他告訴我：「我想要立遺囑……」
他臉紅了，顯然他很自豪，做出男子漢的反應。
如果他是座塔樓的建造者，他便要將塔樓的建造託付給我；
如果他是戰鬥機飛行員，他便要把機上的文件託付給我。
然而他只是個孩子。他只能託付一臺蒸汽機、一輛腳踏車，
與一間小木屋。

人是不會死的。人想像自己害怕死亡，
因為我們害怕不可預料的事，害怕突發事件，
我們害怕自己。至於死亡？不。
當我們遇見死亡，死亡已經不是死亡。
我弟弟對我說：「別忘了把這些都寫下來……」
身軀毀壞時，重要的精華便昇華了。
人不過是關係的結。關係只有對人類具有重要意義。
身體，像匹老馬，我們會拋下它。
在死的時候，有誰會想著他自己？這種人我從來沒遇過。

——《戰鬥飛行員》

懷念的狀態

死亡是一件大事。死亡與想法、
事物、習慣，建立出關係的嶄新網路。
死亡是世界的重新安排。
外表上什麼也沒改變，
然而卻一切都變了。
書本的頁數都一樣，
可是書本的意義不同了。
要感受死亡，我們就必須想像
我們需要死者的時刻，
於是他便令人懷念。
想像他曾經需要過我們的時刻，
不過他卻再也不需要我們了。
想像朋友生前固定拜訪的時刻，
然後發現這天卻是一片空白。
我們必須以透視空間的觀點
去看待人生。不過，在葬禮的那一天，
既沒了觀點，也沒了空間。
死者還是以片斷的狀態存在。葬禮的那一天，
我們的精力分散在原地兜圈子，
忙著與或真或假的朋友握手，
關注著物質的顧慮。
只有到第二天，死者才會在寂靜中死去。
死者會對我們展現出他最佳的狀態，
好在最佳狀態中脫離我們的實體。
於是我們為這位離去之人哭喊，
因為我們沒辦法將他留下來。

——《戰鬥飛行員》

LAETATUS SUNT IN HIS, QUÆ DICTA SUNT MIHI :
« IN DOMUM DOMINE IBIMUS ». *(Psaumes)*

瑪莉瑪德蓮·德·聖艾修伯里

1927年6月2日——小鹿嚥下了最後一口氣，瑪莉瑪德蓮過世了。她年紀不到三十歲。結核病帶走了她。
兄弟姊妹中，她是那個與動物交談的人。想要認識星星名字的就是她，與你合奏小提琴的也是她。
隨著長姊的逝世，你的童年又有重要的部分流失了。
天空令你安心，然而沙漠將你吞噬。沙漠永遠無法乾涸你悲傷的波濤。

小鹿之死
La mort de Biche

大地的聲響

月亮升起。此時您會牽著我們的手，叫我們聆聽，
因為那是大地的聲響，悅耳且令人安心。
那間房子、那件大地的鮮活衣裝，
讓您受到如此安好的庇護。您與椴樹、橡樹、牲口結下了諸多盟約，
讓我們命您擔任牠們的公主。傍晚，當人們為了夜收拾起這個世界，
您的面容平靜下來。「農人把牲口趕回家了」，
您就著遠方畜欄的燈火讀出這句。一記悶悶的聲響。
「他們關上了閘門。」一切都恢復秩序。然後，
在一間空曠而燈光昏暗的飯廳內用晚餐時，你變成了夜后，
因為我們像間諜那樣毫不鬆懈地監視著你。
你在老人之間安靜地坐下，置身於那些鑲木壁板的中央，
你的身體向前傾，僅讓你的頭髮進入金色日光燈的照耀範圍內，
戴著光之皇冠，你統治著。你與事物的聯繫是那般緊密，
你對事物的看法、對你的想法、對你的未來是那般確定，
在我們眼中你就是永恆。你統治著……

——《南方郵件》

瑪莉瑪德蓮和希莫妮，攝於1908年。

安東為梅莫茲畫的誇張漫畫

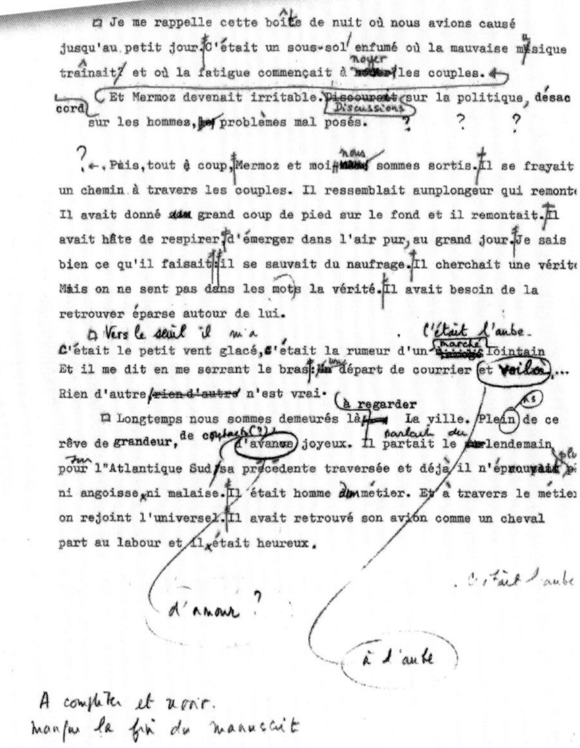

Je me rappelle cette boîte de nuit où nous avions causé jusqu'au petit jour. C'était un sous-sol enfumé où la mauvaise musique traînait et où la fatigue commençait à noyer les couples.

Et Mermoz devenait irritable. Discussions sur la politique, désaccord sur les hommes, problèmes mal posés.

Puis, tout à coup, Mermoz et moi nous sommes sortis. Il se frayait un chemin à travers les couples. Il ressemblait au plongeur qui remonte. Il avait donné un grand coup de pied sur le fond et il remontait. Il avait hâte de respirer, d'émerger dans l'air pur, au grand jour. Je sais bien ce qu'il faisait. Il se sauvait du naufrage. Il cherchait une vérité. Mais on ne sent pas dans les mots la vérité. Il avait besoin de la retrouver éparse autour de lui.

Vers le seuil il m'a . C'était l'aube.
C'était le petit vent glacé, c'était la rumeur d'un marché lointain
Et il me dit en me serrant le bras : un départ de courrier et voilà...
Rien d'autre n'est vrai.

Longtemps nous sommes demeurés là à regarder la ville. Plein de ce rêve de grandeur, de contact(?) l'avance joyeux. Il partait le surlendemain pour l'"Atlantique Sud sa précédente traversée et déjà il n'éprouvait ni angoisse ni malaise. Il était homme de métier. Et à travers le métier on rejoint l'universel. Il avait retrouvé son avion comme un cheval part au labour et il était heureux.

C'était l'aube

d'amour ?

à l'aube

A compléter et revoir.
Manque la fin du manuscrit

《人類的大地》排版文字稿

他在黎明時起飛，載著同隊的畢修度、拉維達利、艾宗與克魯維勒，
駕著水上飛機拉疊300南十字星號，第二十四度飛越大西洋。1936年12月7日十點四十七分，
「切斷右後方引擎……」是尚・梅莫茲最後的通訊。他的水上飛機在他三十五歲生日的前兩天在海洋上消失，
在塞內加爾與巴西之間的某處……這就是這位偉大的沙漠、山脈、海洋與夜晚大師的結局。

切斷後方引擎

Coupons moteur arrière droit

我這位讓人難以忍受的朋友

原諒我，尚．梅莫茲，他們是那麼竭力要求我寫這篇文章。可是我該怎麼寫呢？
我對你一無所知，只知道你不曾求救。我不知道你到底是沉入海中，
還是被大海黏住無法脫身，就像隻被食肉植物的膠液黏住的昆蟲那樣。
甚至是在救生艇上，也許因為食糧匱乏與無垠的大海，迫得你難逃死劫。
我什麼也不知道。沒有人知道任何事，除了你切斷了後方引擎，還有你不曾呼救。
在你失蹤兩個鐘頭之後，已經有人為你哭泣。而在就要邁入第五天的今日，
為了增加你朋友的傷慟，他們要求我寫下對你的回憶。
可是我並沒有回憶。我不會那麼快就把你歸放到幽靈的行列中。

啊！四天來，我聽見他們歌頌你的美德！可是我無法談論你的美德。要再過幾天
才會是時候。你是我們的伙伴，儘管有一堆缺點，大家還是喜愛你。而我等著
要拿這些缺點來數落你。我還不想要尊重你的名聲。在我們以往傍晚聚會的小飯館中，
我還暖暖地保留著你的位子。你照舊會遲到，喔，我這位讓人難以忍受的朋友！
你會突然冒出來，不給任何解釋，沒有任何藉口，卻結結實實地在場，讓等候一筆勾銷，
讓我們重拾昔日的爭論……再讓我反駁你吧，你就快要什麼都同意了！讓我不帶冒犯地、
匆匆對你吼出這些爭論吧……這些爭執是很溫柔的。我好怕再也不能激怒你。
啊！尚，那些不愛你的人，他們只要讚揚你便已足夠。要是你聽到這一大堆讚頌之詞
你就知道……原諒我，我還沒辦法認為你完美無瑕，像死人那般盡善盡美。

——1936年12月，《瑪麗安週報》

守喪的開始

現在我們覺得好像很久沒見到尚．梅莫茲了。
他死者的面孔不再讓我們傷痛，也不再牽動我們的淚水，
不過，他的存在卻令我們懷念，日益深刻，日益沉重，
令人幾乎忘了要吃飯。因為再也聽不到他響亮的笑聲，
我們開始自問，不是以那種精神層面的言語，
而是出於最尋常的反應：「他究竟在哪裡？」
就在今天，我們的守喪才開始，因為我們餓了。
因為我們慢慢發現，永遠、沒有任何東西，
能夠取代我們這位伙伴。

——1937年，〈永別了梅莫茲〉

老去的遺憾

生命就這樣走下去。我們變得富有，
好多年來我們種下樹木，接著好多年，
死亡損毀我們的工作，砍伐一切建樹。梅莫茲已經
自我們身上抽去了他的影子。我們想念梅莫茲。
他在我們心中所激發的這種憂鬱而陌生的感覺，
令我們感到驚訝：年華老去的祕密遺憾。

——1937年，〈永別了梅莫茲〉

1933年，郵政航空公司宣傳海報。

亨利·紀堯梅——飛行員、同事、朋友

亨利·紀堯梅與聖艾修伯里坐在拉疊521型飛機的駕駛艙，1939年攝於畢斯卡羅斯。

惹努亞克、安東、紀堯梅，1939年攝於畢斯卡羅斯。

1940年11月27日——玻璃號，由你的朋友亨利·紀堯梅所駕駛的法爾曼四引擎飛機，在薩丁尼亞海域遭義大利戰鬥機擊落。飛機上另有四名乘客，其中一人是你的另一個朋友馬賽·雷內。他們可憐的軀體長眠在地中海泛著銀光的肚子深處。這次不會再有門多薩的重逢了。大海比安地斯山脈更為殘酷。

今晚我再也沒有朋友了
Ce soir je n'ai plus d'amis

布洛什174 GR 2-52 3esc型飛機（前身為法爾曼19型飛機）

諾愛樂與亨利．紀堯梅夫婦，與聖艾修伯里一起
攝於布宜諾斯艾利斯的月神公園。

最後的朋友

紀堯梅死了，我覺得今晚我再也沒有朋友了。
我不怪他。我從來不知道要怎麼責怪死者，
不過他的逝去將讓我花上好久好久才能適應，
這項可怕的工作已經讓我感到沉重。
這工作會持續好幾個月。那些大時代的老日子，
布雷圭14型飛機、柯雷特、雷內、拉薩勒、
柏何嘉、梅莫茲、艾提安、西蒙、雷克里凡、
維勒、維梅依、里蓋勒、畢修度、紀堯梅，
所有經歷過那段日子的人都死了，
而地球上再也沒有人能與我共享回憶。
我在這裡，像個牙齒掉光又孤獨的老人，
自顧自地反芻著這一切。南美洲的過往，
沒了，連一個都沒了……這世上，
我再也沒有任何伙伴可說：「你記得嗎？」
多麼無懈可擊的沙漠啊。
我生命中最溫暖的八年時光，
現在只剩下盧卡斯了——
他當時只不過是行政人員，而且很晚才入行；
還有我從未與之相處過的
杜布狄厄，因為他從未離開土魯斯。
我原本以為這種事只會發生在
年紀很老的人身上，只有他們
才會在人生路上送走所有的朋友，每一個。

——**1940年12月1日，寫給某人的信**

過完的人生

因為戰爭，也因為紀堯梅，我明白到有一天我將死去。
這個死再也不是那種屬於詩人的抽象死亡，
那只是情感狀況與憂傷中產生的願望。毫不相干。
這個死亡再也不是「對生命厭倦」的十六歲男孩
所以為的那種死亡。不。這是男人的死亡。
是嚴肅的死亡。是過完的人生。

——**1941年9月8日於洛杉磯寫給奈莉．德．弗桂的信**

死者的位子

我認識那種有點怪異的家庭，您也許也認識：
他們會在餐桌上為死者保留一個位子。
他們否認無法挽回之事。然而我不認為這種反抗
能夠帶來安慰。死者就該變成死者。這樣一來，
他們在自己死者的角色中找到另一種形式的存在。
然而上述的這些家庭懸置了死者的回歸。
他們讓死者成為永遠的缺席者、永遠遲到的座上賓。
他們把服喪換成了一種沒有內容的等待。
這些家庭在我看來就像是沉浸在一種
比悲傷更令人窒息、毫無歇息的不安之中。
對於飛行員紀堯梅，這位我所失去的最後一位朋友，
曾在航空郵務工作中墜機的他，我的天啊！
我接受服喪的作法。紀堯梅再也不會改變。
他永遠不會再出席，不過他也永遠不會再缺席了。
我放棄在我的餐桌上擺放他的餐具這種無用的陷阱，
我讓他成為一位真正的死去的友人。

——**《寫給一位人質的信》**

《要塞》手稿

1944年7月30日於畢斯卡羅斯寫給皮耶．達洛茲的信。

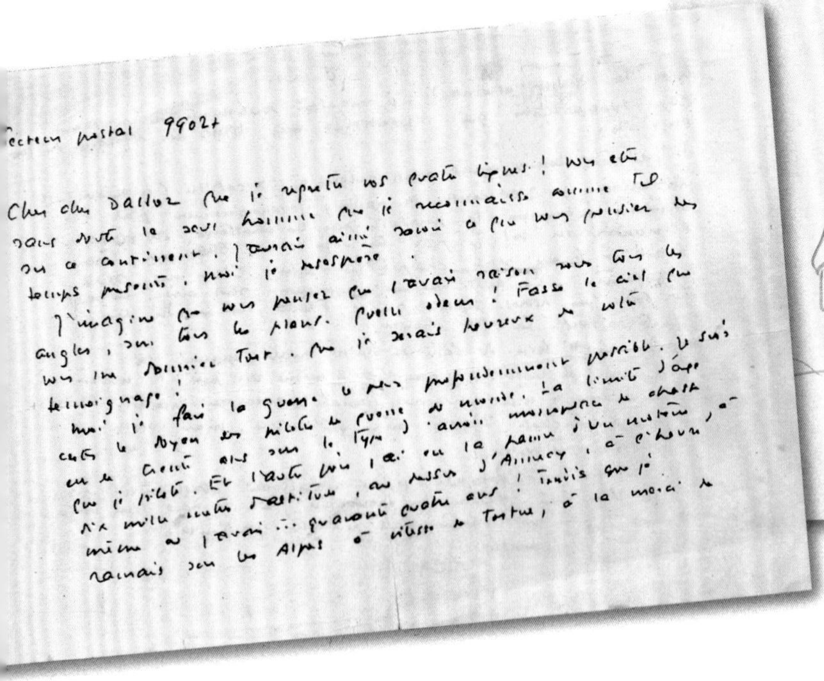

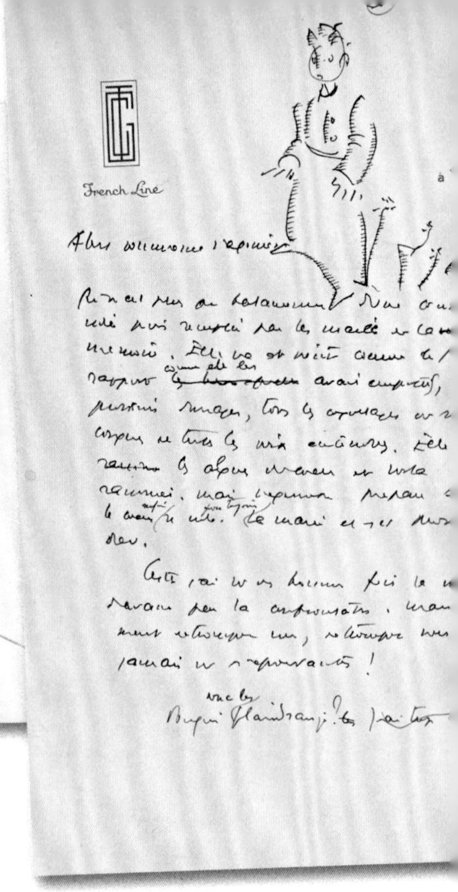

1944年7月31日——你出最後一次任務，沒有回來。原本在你返回後，
就該有人告訴你盟軍在兩週內即將登陸普羅旺斯的日期，這個消息將為你戰鬥機飛行員的生涯畫上永遠的句點。
不過你長久以來便與死亡交往頻繁！你毫不猶豫地宣告自己比死亡還要孤獨。死亡在近幾週來遊盪得更靠近了。
死亡具有德國梅塞施密特戰鬥機的輪廓，像伏擊的兀鷹那樣在普羅旺斯的天空中徘徊。

死亡有高貴的死亡，奉獻自己的那種死亡：像你朋友那樣，為了運送郵件而犧牲的那種死亡，或是為了
終止野蠻暴行的那種死亡。死亡有自然的死亡：在身後留下傳承之軌跡、遺產、寶藏的那些人的死亡。不過，
死亡也有無用的死亡、荒誕的死亡、意外的死亡——屬於你的死亡，便是介於這三種死亡之間。你付出你自己，
你有所傳承。然而在你的隕歿之中，誰能夠權衡出那是出於理智，還是出於意外？是出於預謀，還是出於命運？

那是一片天空，那是一座星球，你來到這裡與我相會，卻不知道你在這裡也將與所有你珍愛過卻先你而去的人重逢：
你的父親尚、你的弟弟馮斯瓦、你的姊姊小鹿、尚．梅莫茲、亨利．紀堯梅……還有好多好多人。
在這個星球上，應該會有一隻綿羊、一隻狐狸、一朵玫瑰、一個燈夫、一個地理學者……
至於其他人，國王、自命不凡的男人、酒鬼、實業家，都不認為應該拋下自己的白蟻窩。

在《要塞》這本你的心靈證詞之中，你為我們寫下了你最終的去路：
那條讓你改變了祖國與文明的通道。你的死不過是你的重生之第一個徵狀。

我不怕死
Je n'ai pas peur de la mort

安東與外甥，攝於1937年。

我的肉體直到骨髓

我是羅斯福攝影隊駕駛P38型飛機的飛行員，離高空與戰鬥任務都很遙遠。我好討厭自己，好希望自己能夠回去。我在我又老又破的身體中實在太不舒服了，讓我對這個星球沒有太多留戀。今天我很高興能夠藉著利用我的肉體直到骨髓，來證明自己是純潔的。

——1944年在阿爾及爾寫給希薇亞．漢米頓的信

關鍵的退潮

於是垂危開始，這個過程不過就是意識在搖晃中一再被淘空、然後被回憶的潮汐所填滿的……回憶的潮汐像漲潮與退潮那般來來去去，帶來，也一如它們帶走所有帶有印象的補給品、所有承載回憶的貝殼、所有裝載曾聽聞過聲音的海螺。

它們升起，再度浸泡心的海藻，於是所有的柔情又恢復了活力。

然而臨界點準備著關鍵的退潮，心被淘空，海潮與其補給回到了上帝那兒。

儘管如此，我還是看過有人逃避死亡，提前進入與死亡的對峙。

不過請各位不要誤會，那個死去的人，我從未看見他感到恐懼。

——**《要塞》**

只要梅塞施密特戰鬥機一開火，
就讓人一瞬間像棵樹般起火燃燒。
飛機會在純淨的天空中爆炸，
然後便是垂直而無聲的墜落。

假使我還能活下去，
我會等待著夜晚的降臨，
好到穿過村子的大路上走一走，
把自己包裹在我喜愛的孤獨之中，
好在那兒認清我為什麼應該赴死。
我不怕死。
我怕的只是成為過往的東西。

——1940年1月4日於拉昂寫給奈莉．德．弗桂的信

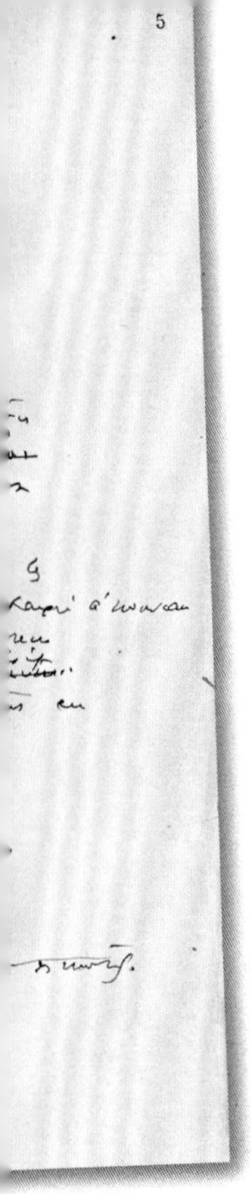

因為我置身局外，
我從來沒告訴過大人我不跟他們同一國。
我向他們隱藏在我心深處
我一直都只有五、六歲的事實。
我也藏起我的圖畫不給他們看。
不過我很想把這些圖畫拿給我的朋友看。
這些圖畫，就是回憶。

偷渡星星的人——聖艾修伯里的遺產

PASSEUR D'ÉTOILES
L'héritage de Saint-Exupéry

《小王子》故事中十二個角色

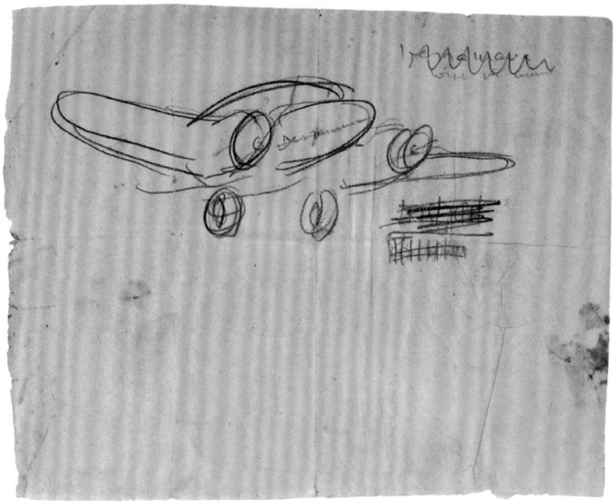

你得在沙漠的沙海中迷途才創造出我，才與我相逢，才發現了我，並且失去我。
然後當你的飛機被馬賽外海的海水吞沒，你也失去了你自己。
不過，我回來了。這麼做對我來說比較容易，
因為我是墨水、顏料、紙張所創造出來的東西。
我回來是為了幫你這本人生之誌注解說明。為了告訴心懷善意的人，
你留給我們的東西是多麼珍貴且取之不竭。
為了激勵他們，讓他們也把你傳遞給我們的東西繼續傳遞下去。

安東的菸斗

我回來傳話

Je suis revenu pour transmettre

1935年攝於格諾伯勒。

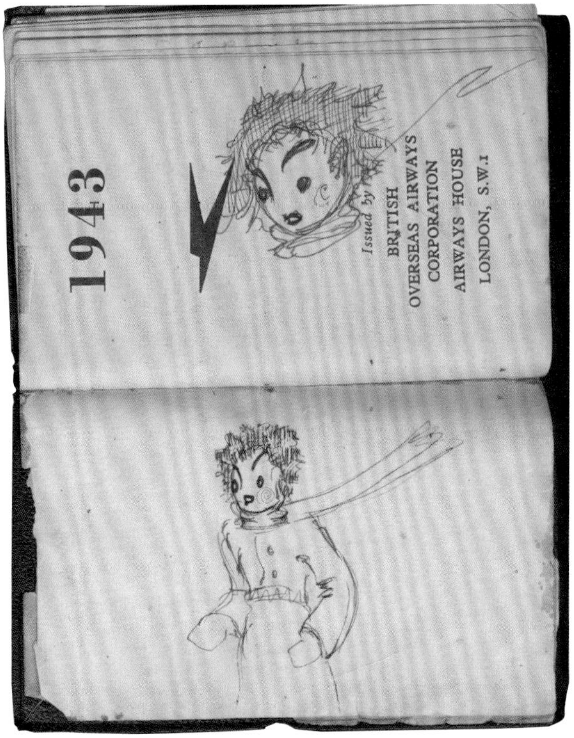

安東的書

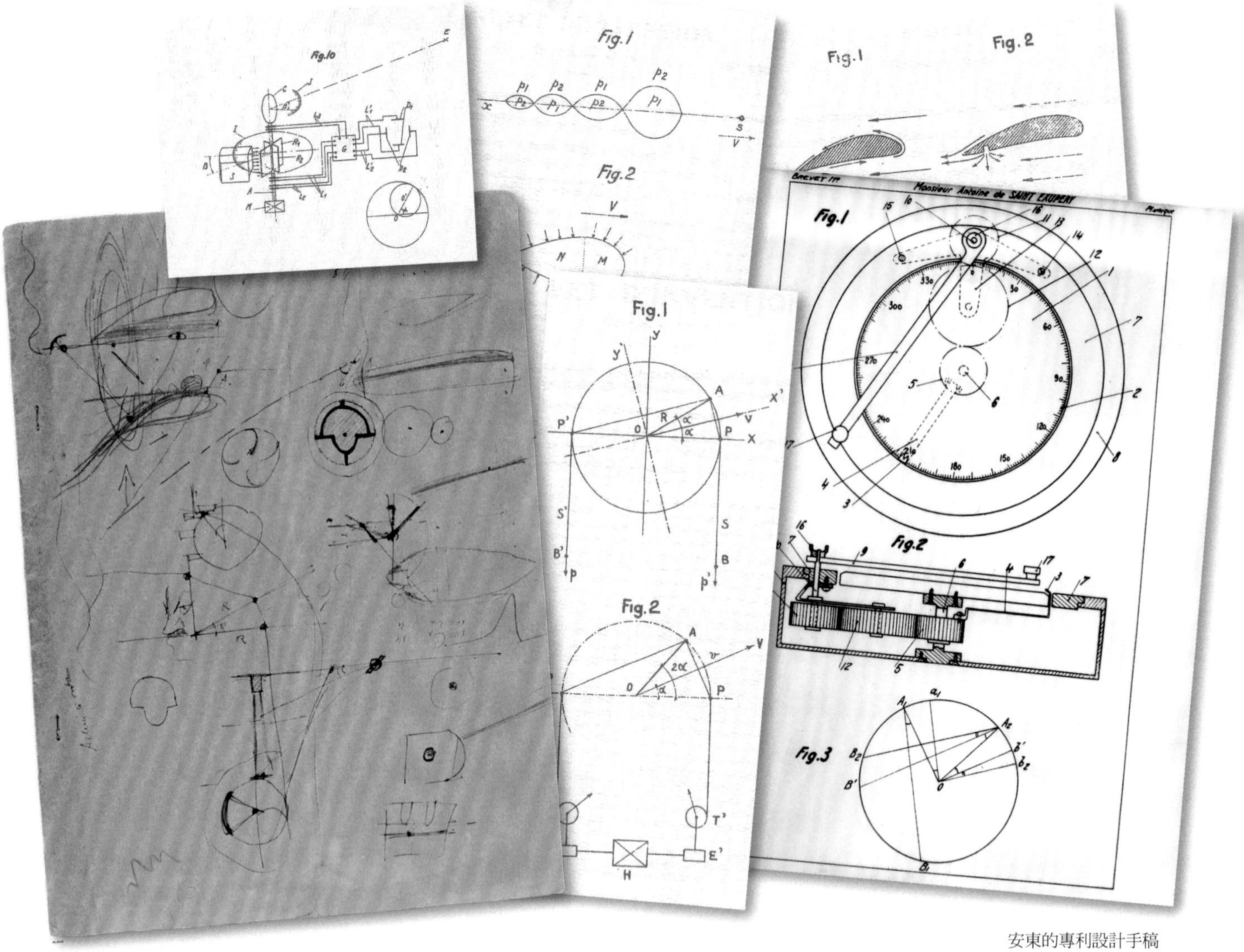

安東的專利設計手稿

你知道怎麼畫一隻綿羊給我。你從來沒為我畫過飛機。事實上，我從未要求你畫過飛機。讓你感興趣的是飛機的控制中樞、神經系統。這些用來測量、控制、修理的工具原本能夠拯救你逝去友人的生命，讓人更輕易地面對黑夜、霧氣或是惡劣的天候，讓人更清楚地監控航道，讓人起飛或降落得更順利……
你的專利是你的第一種遺產。這些專利銘刻在其他人註冊的發明之中，
而今日飛越大西洋航線的飛行員
與機上所承載的、在舒適中進入夢鄉的乘客應該不知道，
你在看顧著他們，用你的方法……

偷渡想法的人
Passeur d'idées

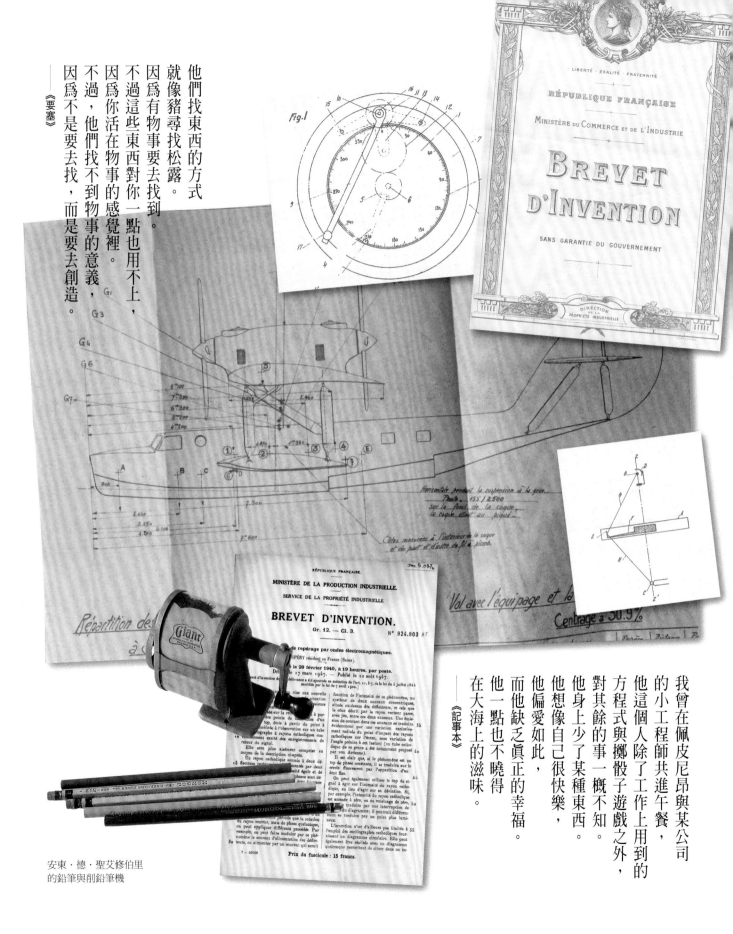

他們找東西的方式
就像豬尋找松露。
因爲有物事要去找到。
不過這些東西對你一點也用不上，
因爲你活在物事的感覺裡。
不過，他們找不到物事的意義，
因爲不是要去找，而是要去創造。
——《要塞》

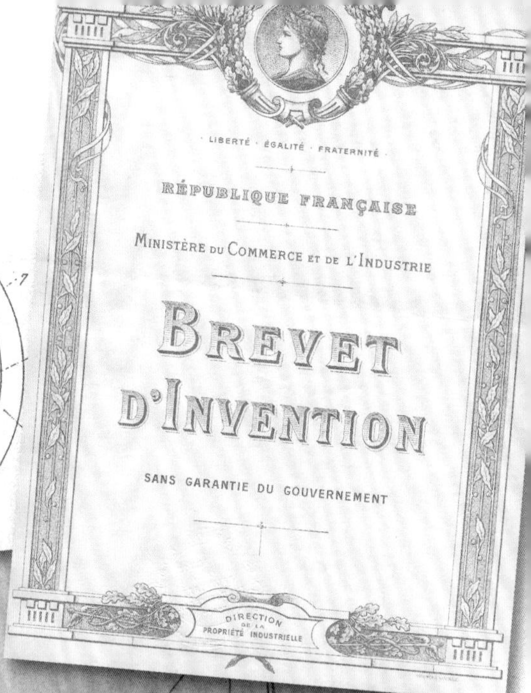

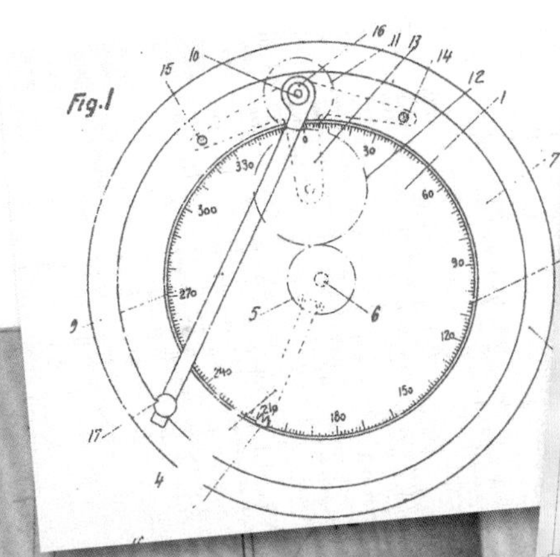

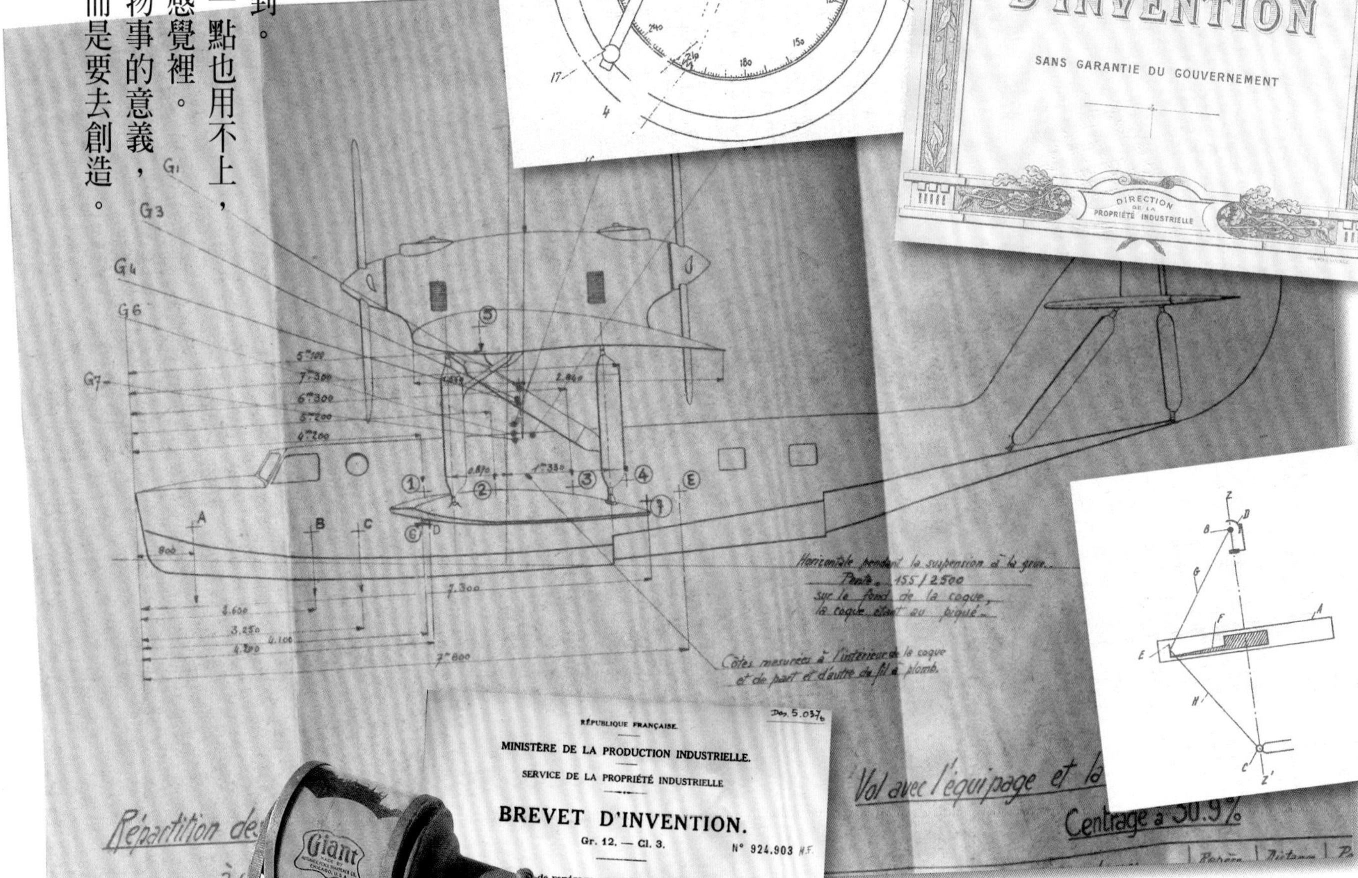

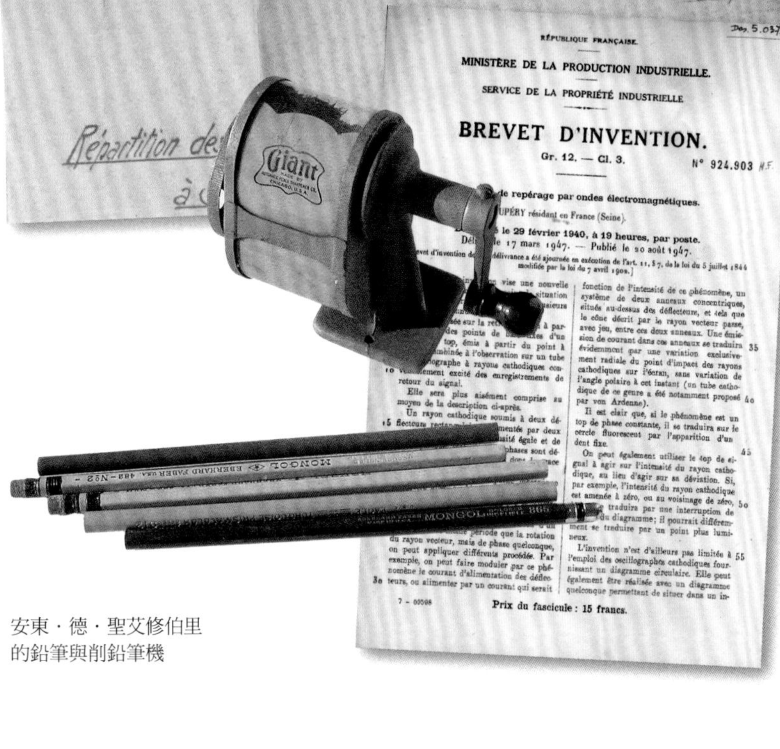

安東·德·聖艾修伯里
的鉛筆與削鉛筆機

我曾在佩皮尼昂與某公司
的小工程師共進午餐，
他這個人除了工作上用到的
方程式與擲骰子遊戲之外，
對其餘的事一概不知。
他身上少了某種東西。
他想像自己很快樂，
他偏愛如此，
而他缺乏眞正的幸福
他一點也不曉得
在大海上的滋味。
——《記事本》

MARIANNE

GRAND HEBDOMADAIRE LITTÉRAIRE ILLUSTRÉ

5, Rue Sébastien-Bottin – Paris (7e)

Directeur : Emmanuel BERL

PRIX GONCOURT

ANDRÉ MALRAUX

La Condition humaine

Roman.......... nrf .... 15 fr.

France - Allemagne

Guerre?

Interview d'André Malraux

LES portraits d'André Malraux représentent presque toujours, en même temps que son visage, ses mains. Ils ont raison. Un visage, un corps toujours en mouvement, comme sortant d'eux-mêmes, poussant des pointes au dehors puis revenant ; front souvent baissé, bouche tendue, gestes du doigt, et, vraiment, gestes du visage, comme d'une main mobile. Pas de sourire. Une surprenante ponctuation *dans la voix, des guillemets, des parenthèses, des tirets; une voix précise et bondissante, saccadée parfois. Une conversation avec André Malraux n'est une conversation à bâtons rompus que parce qu'on dit aussi : rompre des lances.*

Nous parlons de la guerre, pour faire comme tout le monde. Non pas vraiment de la guerre, mais de ces puissances du monde entre lesquelles elle se jouerait, entre lesquelles elle établit dès maintenant une sorte de ciment invisible, encore mou, qu'on sent durcir trop vite.

— Il est clair, dit André Malraux, que le jeu est aujourd'hui de faire un bloc France-Allemagne-Pologne contre la Russie. On prétend que ce sont les

1933年12月20日出刊的《瑪麗安週報》。刊頭發布當屆的龔固爾文學獎得主：安德烈．馬勒侯的《人的命運》；側篇是馬勒侯的訪問，標題：法國與德國會交戰嗎？

希特勒、史達林，他們都是你星球上的黑天使。
當時有馬克思主義的集權與納粹主義的極權，還有這種大眾社會——就是我們在你死了很久以後稱為「消費社會」的那種東西。

你對抗著前兩個大魔頭，對抗著他們威脅人性存亡的可怕意識型態。然而，你很清楚，等到這場戰爭以及其影響結束之後，真正的問題是要確保精神能夠戰勝物質。

對人的尊重
Respect de l'homme

史達林

1920年2月24日，希特勒與其支持者於慕尼黑。

尊重

對人要尊重！對人要尊重！試金石是建立在這點之上！
當納粹主義分子僅止尊重與他們相像的人之際，
他除了自己之外，其餘一概都不尊重；
他拒絕具有創造性的一切異議，毀去所有昇華的希望，
並且為千年大業建立出屬於白蟻窩的機器人以取代真人。
一步一步企圖摘除人類的基本權利，而這個基本權利，
正是改變世界與改變自己的能力。

——《寫給一位人質的信》

人的意義

儘管如此，那便是第一個階段。我無法忍受
把好幾代的法國孩子丟給德國作為獻祭的犧牲品。
實體本身受到了威脅，卻在其將要受到拯救的時候，
指出了我們這個時代的基本問題：什麼是人的意義？
而這個問題卻沒有得到回應。

——〈寫給某將軍的信〉

虛假的自由

就這樣，我們終於自由了。他們砍斷了我們的雙臂與雙腿，
讓我們自由行走。然而我痛恨這個時代，
讓人在普遍的極權主義之下變成了溫和的牲口，
既禮貌又安靜。他們為了某種道德的進步，
逼迫我們接受這種情況！馬克思主義令我痛恨的，
便是它所導致的集權主義。人在其中被定義為
生產者和消費者，而最重要的問題便在於分配。
納粹主義令我痛恨之處，是它藉其本質所宣揚的極權主義。
他們在魯爾的工人面前接連展示一張梵谷的畫作、
一張塞尚的畫作、一張彩色畫片。很自然的，
他們便會把票投給彩色畫片。這就是一個民族的真相！
他們把塞尚、梵谷的候選人，連同所有不因循守舊的偉人，
全關入了集中營，然後以彩色畫片去餵養一頭溫順的牲口。

——《要塞》

在離婚這段期間，我們也同樣輕易地與物品斷絕關係。冰箱是可以換的。房子也一樣，
如果說房子只不過是湊起來的一套物件，那麼女人也一樣，宗教也一樣、政黨也一樣。
我們甚至沒辦法不忠：我們要對什麼不忠？要遠離什麼並且對什麼不忠？人的荒漠。

——《戰鬥飛行員》

我們深信卑劣靈魂的高超技藝能夠對戰勝高貴的理由有所助益，
以為靈活的自私自利足以激發犧牲精神，
以為心靈的乾涸可藉著言論之風建立起博愛或愛。我們忽視了生命。

——《戰鬥飛行員》

機械人，白蟻人，以貝多氏生產方式在勞工鏈上反覆擺動的人。人被摘除了所有的創造力，
甚至再也不懂得如何在村落中創作出一種舞步或是一首歌謠了。
像用乾牧草養牛那樣，以標準養殖法、以量產方式所餵養出來的人。
這就是今天的人類。

——《要塞》

我們看見了一種藐視人類的集體觀念
無聲無息地出現。
這種觀念明白地解釋了個人
為什麼應當為團體犧牲自己，
卻無法不靠花言巧語解釋
為什麼群體應該要為某個人犧牲一切；
為了從不公正的監獄中釋放出一個人，
為何就該讓一千人犧牲性命。
我們依然記得，可是我們一點一點地忘記了。
在此同時，正是這個原則
讓我們清楚地與白蟻窩有所不同，
尤其我們的偉大即存在於這個原則之中。

——《戰鬥飛行員》

他們令你窒息，那些想要從「未來的白蟻窩」當中獲取利益的人：那些征服者與那些享樂主義者。
那些在幸福的幻覺中腐敗的人卻從幸福的幻覺中抽取他們所擁有的財富，以及他們所占有的地位。
那些消耗多於供給的人，那些取得多於付出的人。少了交流又缺乏慷慨，人類便只不過是乾癟的硬皮。
人的自我中心會讓人枯竭。藉著預言白蟻窩的毒害，你向我們透露了什麼是解藥。

以人道主義對抗白蟻窩
L'humanisme contre la termitière

要是我能界定
他們的不安，
我便能拯救他們
——《記事本》

1936年馬德里大選，人民陣線贏得勝利。

我討厭那些為了自娛而寫作的人，他們試圖製造效果。
必須要有想說的話才行。

——1924年，寫給瑪莉的信

不需要學習寫作，而是要學習觀看。寫作是結果。
必須要問自己「這個印象，我該怎麼讓人感受」，
其後，便能深刻描述出那些您所體驗經歷的一切。

——寫給麗奈特的信

儘管地址寫得很富詩意，
這封信還是寄到了收件人手上。
信封文字：
A・德・聖艾修伯里先生收
《南方郵件》與《夜間飛行》的作者
民航飛行員
法國某一段航線上的某處
在法國與南美洲之間

要在我寫的東西裡尋找我原本的樣貌，而我所寫的，
是我的思考與觀察經過深思熟慮的審慎結果。
所以，不管是在我安靜的房間裡還是在飯館中，
我都能與自己面對面，避免文學的公式與造作，
努力表達自己，於是我感到誠實又認真。

——1925年於蒙呂松寫給瑪莉的信

我害怕爲文學而文學的作品。
因爲熱烈地活過，
我才能夠寫出具體的事實。
就是我的職業爲我
身爲作家的義務劃出了界限。

——1942年4月29日，《新聞報》

你要我們負起對文字的責任，一如你要我們負起對人類的責任。
文字就像人類，可以很沉重，可以說謊或是歇息。
你知道如何釋放文字，萃取文字的滋味。你把文字的根還給文字，好賜予我們翅膀。
一段一段地，它們畫出了星星的道路，教懂我們望向更遠之處。
你的文字把世界遺贈給我們，給予我們源頭的清新、天空的風味，與童年的滋味。

文字的傳承
La transmission des mots

花圃上的人物與蝴蝶。《要塞》的手稿。

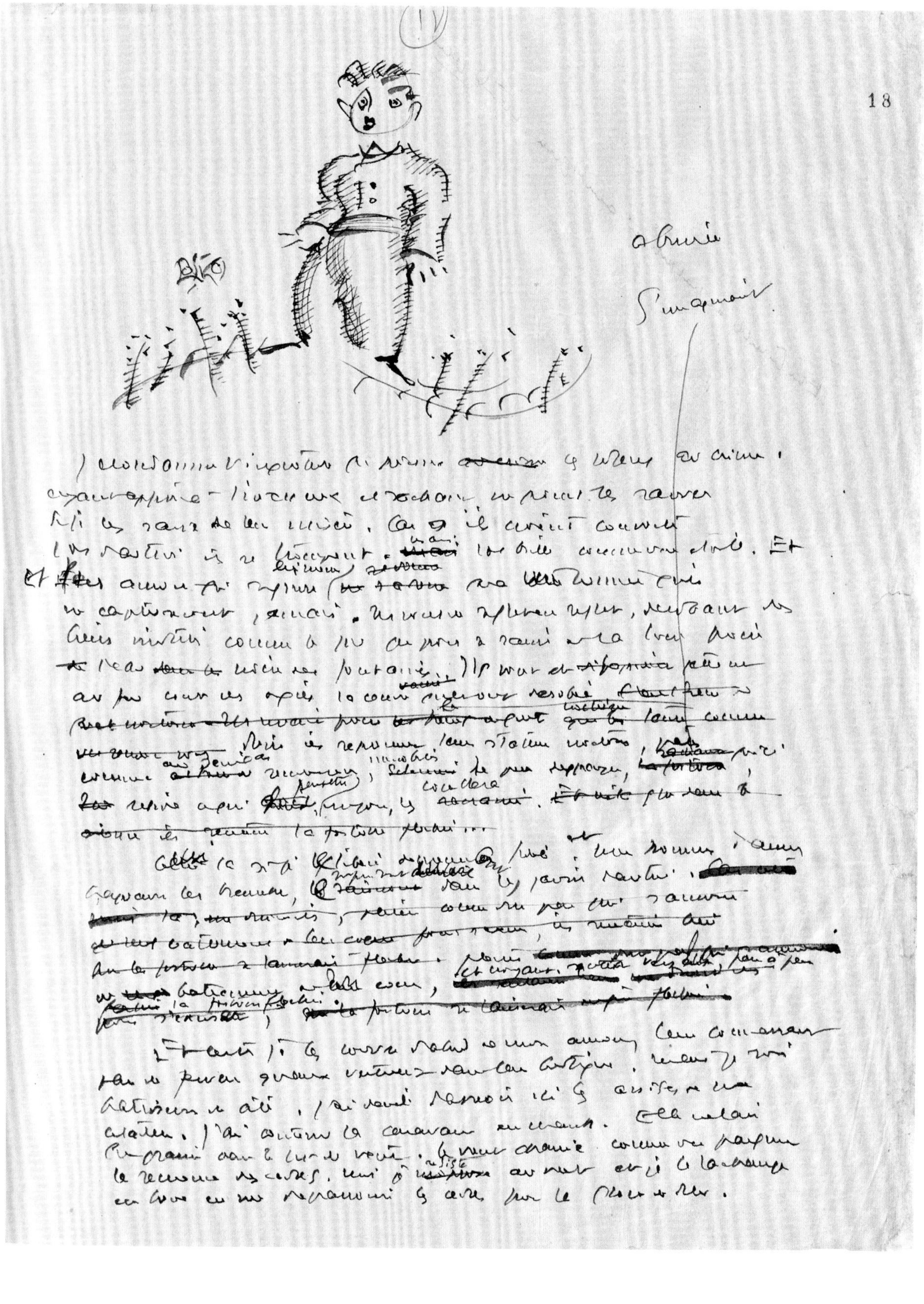

人類與森林。當世界上什麼也不剩，
只剩下人類的時候，
人類就麻煩透了。
他已經失去與野獸的接觸，
也失去了部分與自然力量的接觸，
人類便這樣把地球
變成了種菜之地。

——《記事本》

你毀了一切，也揮霍掉一切，
以為自己靠著每天
分配你的資源而致富。

——《要塞》

儀式存在於時間之中，
就像房舍是存在於空間之中。
應當說：流逝的時間在我們看來，
既不會消耗我們，
也不會損傷我們，
宛若一把沙，卻能成就我們。
應當說：時間是一種建築的過程。

——《要塞》

我需要在我家裡有居民，而不是露營者，
而這些人不會平空冒出來。

——《要塞》

當你嫁娶，當你生產，當你死亡，當你離開，
當你歸來，當你開始建造，當你開始居住，
當你將收穫的食糧存倉儲藏，當你開始採收葡萄，
當你展開戰爭或和平之際，我要求舉行儀式。
而這就是我要求你教育孩子好讓他們
與你相似的原因。你按照你的形象建造出他們，
害怕之後他們將毫無喜樂地在一個
猶如空蕩蕩營地的祖國中過苦日子，
因不識祖國之中寶藏的鑰匙而任憑寶藏腐朽。

——《要塞》

「還給我們」，人類首先說道：把永恆還給我們。
把我們的宗教信仰還給我們，不管那是
家族喜慶的信仰、生日的信仰、祖國的信仰，
還是由我種下且由我兒子養大的橄欖樹的信仰。
把我們的本來樣貌還給我們，
並且使之留存得比我們自身更久。讓我們
可以用珍貴的寶石換取一具會衰亡的身軀。

——《記事本》

你傳承給我們空間與時間的風味。在我的星球上，我必須拔除猴麵包樹，並且要清理火山口。你很清楚地球受到了威脅，也很清楚在你之後的世世代代為了生存必須要從短視的圈套中讓自己解脫出來，並且花時間建立出和諧又持久的計畫。你很清楚，要是我們不再留時間給時間，要是有一天人群「沒頭沒腦地在光禿禿的地表上定居下來」，那麼人群將再也無處可居了。

時間的傳承

La transmission du temps

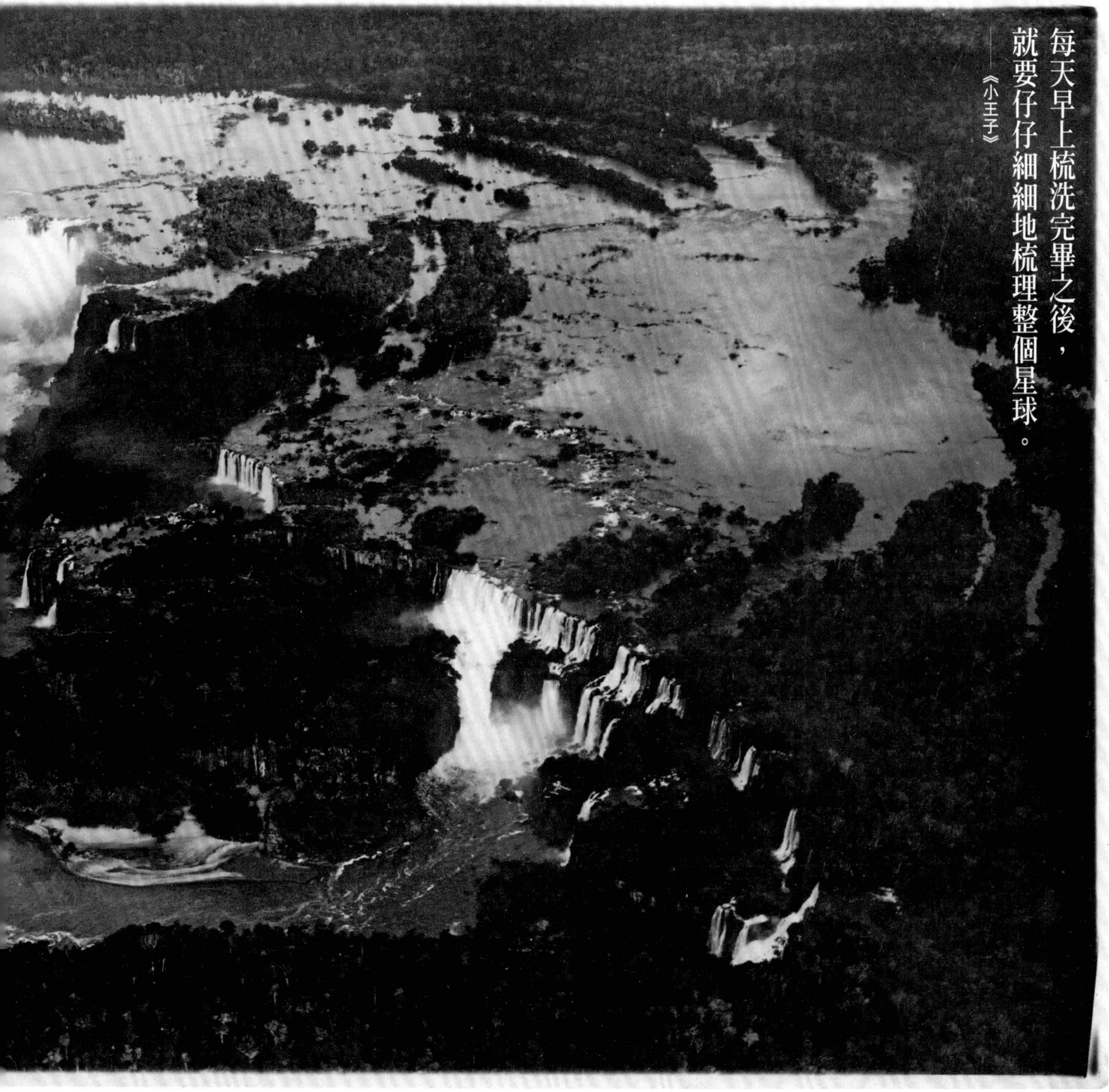
每天早上梳洗完畢之後，
就要仔仔細細地梳理整個星球。
——《小王子》

安東・德・聖艾修伯里空拍的伊瓜蘇瀑布

要剝除個體一切獨特的原創的深沉起因扎根於(…)
交通方式的日益完美(交通方式的定義是
「不認識的人向彼此移動」,但也特別是指
對報紙、廣播、電話、大眾運輸等各種資源的認同)。
詭異地缺少了寂靜與禱告。今日的靈魂變成了角質。

——《記事本》

我們竟然屈服於物質,應該是因為我們遭受廣告的
長期洗腦之故。在這點上,我們是野蠻人。
在這點上,很多野蠻人會讓我們疑惑地感到
他們比我們更像文明人。在這點上,
宗教退卻是場災難,掏空了我們的精神世界。

——《記事本》

只要有偉大的想法便可使人放大。
人受限於做他自己,
滿足於他的糧食槽與其小小的替代品;
接受一整套想法,卻不認為這些想法是普遍的。
這樣的人是個滿足的人,一個死人。

——《記事本》

有待撫慰的最大焦慮
是這個萬般基本的、
大人與小孩的焦慮。

——《記事本》

所謂的「偉大」,首先且一向誕生於
一個處於自身之外的目標。
一旦把人單獨關閉起來,他就變得貧乏。

——《記事本》

給予人們一種精神的意義、
一些精神上的不安,
讓某種與葛利果聖歌相似的東西
如雨水那般落在他們身上。
您很清楚人不能倚靠電冰箱、政治、
財務報表與填字遊戲過日子!
人沒有詩歌、沒有色彩又沒有愛情,
便不能生存下去。

——〈寫給某將軍的信〉

你發展出心靈的環境保護論。你幫助心靈不絕望,要成長茁壯並且保有清新。
你幫助人們變成……你讓我們測量人與物的密度。
你最喜愛的人物並不在我的故事裡;
那是一個捕蝴蝶的人。你很喜歡他,因為「那是一個追求現實理想的人」……

心靈遺產
Une âme en héritage

捕蝴蝶的人：為《小王子》畫的插圖，沒有收入最後的定版中。

主啊，瞎眼的人完全不認識火。
不過他確實是來自於火，來自於掌紋的敏感力量。
他走過荊棘，因為所有的轉變都是痛苦的。
主啊，我根據你的恩典走向你，
沿著那道讓人改變的坡。

我走著，思索著得不到回覆的祈禱，因為我是個瞎子，
我只有乾癟手掌中那一股微弱的熱度作為引導，
並且一面讚揚著你。主啊，讚揚你的不回答我，
因為如果我找到了我所尋找之物，我便達成了改變。

——安東．德．聖艾修伯里，《要塞》

親愛的，我也一樣在永恆之中，我會乖乖地等你。
我會日日夜夜歌唱並且對路人很好，
而你會為那些憂慮或不安的人民
從星星上拔出正義與光明的詩歌。
而我會為你烘烤小鳥與甜孜孜的水果，
而且我睡覺的時候會把雙手交給你握著，
好不致與你分開。
回來吧吾愛。
我會用一個天大的吻來擁抱你直到你回去。

——你的妻子康綏蘿．德．聖艾修伯里

親愛的讀者：
安東的故事一如小王子的故事，也像安徒生童話。就好似人生，故事以悲劇收場。
不過安東對我們做了些好事。他喚醒我們，他喚醒沉睡的哨兵；
他提醒我們必須成為心靈的園丁，好讓大地擁有未來。
我在2009年寫下這些話語的時候，他已經離開了六十五年。
在我們日益富裕的星球上有將近七十億人口，來來去去算在內，每天約增加二十萬居民。
七億人住在火山坡上；長在我們心中的猴麵包樹還是那麼龐大茂密；我們的玫瑰一直都有刺；
我們不知道該如何變老；我們不知道我們的星球會熱死還是凍死；我們的夜晚滿是噩夢。
不過，安東把我們叫醒，就像從前小王子在沙漠中把他叫醒那樣。
於是當我們長眠之後，我們的子孫能夠繼續在夢中畫著小綿羊。
安東繼續著他永無止境的追尋，同時康綏蘿乖乖地在B612號小行星上的某個地方等待著他。
康綏蘿是他永遠的玫瑰。所有的星星都在輕輕笑著。
至於你呢，親愛的讀者，安東的文字為你開啟了世界：出發，經歷，然後改變吧！

——尚皮耶．圭諾

出發，經歷，然後改變！

VA, VIS ET DEVIENS !

作者與雅各杜維內出版社（Éditions Jacob-Duvernet）要特別感謝
安東・德・聖艾修伯里的權利繼承人 Olivier d'Agay 與 Delphine Lacroix，
以及康綏蘿・德・聖艾修伯里的權利繼承人 José 暨 Martine Martinez Fructuoso 夫婦。
感謝 Alban Cerisier、Geneviève Fumeron、伽里瑪出版社、
《飛行・玫瑰・小王子》作者亞蘭・維康德烈（Alain Vircondelet）、Denis Parenteau 與法航博物館、
Roselyne de Ayala、Bénédicte Legué、Benoît Braunstein、Louis de Mareuil，
以及無可取代的《伊卡爾》雜誌、阿赫涅絲出版社（Éditions des Arènes）。

致謝
Remerciements

Œuvres complètes. Antoine de Saint-Exupéry T 1 et 2 Pléiade, Gallimard 1994-1999
Lettres à l'inconnue Antoine de Saint-Exupéry Gallimard 2008
Écrits de guerre Antoine de Saint-Exupéry Folio Gallimard 1994
Manon danseuse et autres textes inédits Antoine de Saint-Exupéry NRF Gallimard 2007
Album *Antoine de Saint-Exupéry* Pléiade Gallimard 1994
Les plus beaux manuscrits de Saint-Exupéry Nathalie des Vallières Roselyne de Ayala La Martinière 2003
Dessins, aquarelles, plumes, pastels et crayons Gallimard sous la direction d'Alban Cerisier 2006
La vie de Saint-Exupéry Les Albums Photographiques Gallimard 1954
Revue Icare numéros 30, 30bis, 69 tome I, 71 tome II, 75 tome III, 78 tome IV, 84 tome V, 96 Tome VI, 108 Tome VII.
Saint-Exupéry vérité et légendes Alain Vircondelet Éditions du Chêne 2000
Saint-Exupéry L'archange et l'écrivain Nathalie des Vallières Gallimard 1998
Saint-Exupéry Une vie à contre-courant Stacy de la Bruyère Albin Michel 1994
Cahiers Saint-Exupéry Gallimard
Saint-Exupéry Luc Estang Point Seuil 1989
Saint-Exupéry Vie et mort du petit prince Paul Webster Le félin 2002
Saint-Exupéry Marcel Migeo Flammarion 1958
Saint-Exupéry le sens d'une vie Le cherche Midi 1994
Au revoir Saint-Ex John Phillips Gallimard 1994
Il était une fois le Petit Prince Alban Cerisier Folio 2006
Antoine de Saint-Exupéry Hors série Le Figaro juillet 2006
Le petit Prince Hors série Lire mars 2006
Cinq enfants dans un parc Simone de Saint-Exupéry folio Gallimard 2000
Lettres du Dimanche Consuelo de Saint-Exupéry Plon 2001
Mémoires de la Rose Consuelo de Saint-Exupéry Plon 2000
Antoine et Consuelo de Saint-Exupéry Un amour de légende Alain Vircondelet Les Arènes 2005
C'étaient Antoine et Consuelo de Saint-Exupéry Alain Vircondelet Fayard 2009
Consuelo de Saint-Exupéry La rose du petit prince Paul Webster Le félin 2002
Louise ou la vie de Louise de Vilmorin Jean Bothorel Grasset 1993

參考書目
Bibliographie

圖片研究—— Bénédicte Legué，由Benoît Braunstein協助

圖片版權標示——

©Antoine：安東・德・聖艾修伯里

©Ed. Gall.：巴黎伽里瑪出版社善意授權的出版手稿

©S.St.-Ex.：安東・德・聖艾修伯里權利繼承人達蓋家族（d'Agay）提供

©S.Cons. StEx.：康綏蘿・德・聖艾修伯里權利繼承人 馬丁內・菲克圖歐索（Martinez Fructuoso）家族提供

©Arch. Nat.：取自於巴黎國家檔案館

©B.N.F.：取自於巴黎法國國家圖書館

ms.：手稿

©*Icare*.：1957年由S.N.P.L.創辦的法文飛行刊物《伊卡爾》雜誌

©F. J. Phillips：紐約約翰・菲利普基金會（J.&AM. Phillips Foundation, New York）所提供的約翰・菲利普拍攝的照片

©Musée Air France：位於巴黎傷兵院廣場的法航博物館

©M.A.E.：位於布爾哲的航空與太空博物館

©Péronne：位於佩洪尼之大戰紀念館館藏

前言Ouverture

Antoine en aviateur, dessin par Consuelo, 1944 ©S. Cons. StEx. - **P. 2-3**: Couverture *Le Petit Prince*, dessin d'Antoine, 1943 ©Ed. Gall/©S. St. Ex. - **P. 4-5** Portrait d'Antoine par sa mère, 1922 ©S.St.-Ex. — Photographie d'une des malles d'Antoine ©S.St.-Ex./cl. O. d'Agay - **P. 6-7** Visage d'Antoine, vers 1907 ©S. Cons. StEx. —L'élève officier Saint-Exupéry, automne 1922 ©S.St.-Ex. — Portrait d'Antoine écrivant, vers 1930 ©S.St.-Ex. — Antoine en uniforme à sa table de travail, 1940 ©S.St.-Ex. — Détail d'une photo dédicacée d'Antoine en janvier 1938 ©S.St.-Ex - Dédicace de Consuelo à Antoine sur son portrait vers 1920 ©S. Cons. StEx. — Antoine aux commandes d'un avion P. 38, 1944, photo J. Phillips ©S. Cons. StEx./©F. J. Phillips — Antoine s'équipant lors d'une mission à Brogo en 1944, Photo J. Phillips ©S.St.-Ex./©F. J. Phillips. — Illustration pour *le Petit Prince* ©Ed. Gall./©S.St.-Ex. — Consuelo et Antoine hiver 1942, à N. Y. ©S. Cons. StEx.

永恆的童年 L'Enfance éternelle

P. 8-9 Visage d'Antoine, vers 1907 ©S. Cons. StEx. - **P. 10-11** Les enfants Saint-Exupéry, vers 1907, de g. à dte: Marie-Madeleine, Gabrielle, François, Antoine, Simone ©S.St.-Ex. - **P. 12-13** Marie de Saint-Exupéry, née Fonscolombe, vers 1900 ©S.St.-Ex. — Gabrielle de Lestrange, tante et marraine de Marie, vers 1900 ©S. St.-Ex — Le château de La Môle, anc. coll. A. de Fonscolombe ©S.St.-Ex. — Portrait de Jean de Saint-Exupéry, père d'Antoine, vers 1902 ©S.St.-Ex. — Mariage de Marie de Fonscolombe et Jean de Saint-Exupéry à Saint-Maurice-de-Rémens, 1896 ©S.St.-Ex. — Antoine (deuxième à g.) avec son frère et des amis ©S.St.-Ex. — Acte de naissance d'Antoine ©S. Cons. StEx. — Portrait d'Antoine à Saint-Maurice-de-Rémens, 1905 ©S.St.-Ex. — Dans le jardin de Saint-Maurice ©S. Cons. StEx.- **P. 14-15** Antoine et sa tante, Madeleine de Fonscolombe à la Môle, 1906 ©S.St.-Ex. — Article relatant la mort de Jean de Saint-Exupéry, repris de *La Croix du Littoral* du 24 mars 1904, montage J. Pecnard — Portrait de Jean de Saint-Exupéry ©S.St.-Ex. — La gare de La Foux ©Groupe d'Études pour les Chemins de fer de Provence — Antoine (deuxième à dte) chez ses cousins Churchill au Mans, le 24 mars 1910 ©S.St.-Ex. - **P. 16-17** Les cinq enfants (Antoine au centre), vers 1907 ©S. Cons. StEx. - **P. 18-19** Jeux et déguisements à Saint-Maurice, vers 1912 — Jeux des enfants sur la grille de Saint-Maurice, vers 1907— Château de Saint-Maurice-de-Rémens, vers 1907— Antoine (à g.), puis son frère, François, et des amis, Saint-Maurice, vers 1907— Marie, François, Yvonne et Gabrielle à Saint-Maurice, 1905— La famille avec des cousins et cousines, *pour toutes ces photos* ©S.St.-Ex. — Partie de pêche à Carnac ©S. Cons. StEx. — Gabrielle tirée par Antoine puis Simone, Marie-Madeleine et François, vers 1905 ©S.St.-Ex.- **P. 20-21** Marie et ses deux garçons vers 1909 ©S.St.-Ex. — Boulier, corde à sauter et petites voitures, coll. J. Pecnard ©Jérôme Pecnard — Cheval de bois, début du siècle ©D.R. **-P. 22-23** Photo de classe, collège N.-D. de Ste-Croix du Mans, 1910-1911 (Antoine en ht, le cinquième à g.) ©S.St.-Ex.— Jeu de ballon dans la cour du collège, 1914, Icare n° 69 ©D. R. — Antoine (deuxième à droite) avec la classe du père Launay, collège N.-D., Le Mans, vers 1914, Icare n° 69 ©D.R.— Chambre photographique vers 1900, coll J. Pecnard ©J. Pecnard. **-P. 24-25** Lettre à sa mère « *c'est ma fête demain* », 1905, Arch. Nat. 153 AP-1/©S.St.-Ex.— Jeux et déguisements à Saint-Maurice, vers 1912 ©S. Cons. StEx.— Boîte à crayons, double décimètre, porte-plume et encrier du début du siècle ©Musée de l'École de Chartres/ cl. J. Pecnard — Narration française d'Antoine, 1915, coll. N.D. de Mongré ©S.St.-Ex.— *L'Amusette*, couv. et pages du journal commun des enfants Saint-Exupéry ©S.St.-Ex./cl. Gallimard Jeunesse. **-P. 26-27** François en tenue d'écolier, vers 1911 ©S.St.-Ex. — Jouets anciens et carte de propagande ©Péronne/ cl. J. Pecnard — Carte postale « *Pour le drapeau* », 1914 ©D.R. — Antoine à

圖片來源
Crédits iconographiques

la Villa Saint- Jean de Fribourg (Suisse), 1917 ©S.St.-Ex.— Marie, infirmière à Ambérieu, coll. part. ©D.R. — Brassard de la Croix-Rouge et bâtonnet-soldat ©Péronne/cl. J. Pecnard — Antoine à la Villa Saint- Jean de Fribourg (Suisse), 1917 ©S.St.-Ex. **-P. 28-29** Trois photos des décombres après le bombardement aérien allemand du 11 mars 1918, l'une rue des Dunes, l'autre rue de Mézières à Paris et avenue de la Grande Armée ©Maurice Branger/Roger-Viollet, Paris. — Deux bombes à ailettes lâchées par des avions militaires durant la Grande Guerre et casque, ©Péronne/cl. J. Pecnard. **- P. 30-31** Portrait d'Antoine, vers 1918 ©S. Cons. StEx.— Bombes à ailettes de tailles diverses ©Agence Rue des Archives, Paris. — Bombardement aérien sur le Front de l'Est. Avion allemand en Lettonie, 1916-1917 ©Ullstein Bild/Roger-Viollet, Paris. — *Rue Gassendi, vue du 6e étage : Nuit d'alerte en 1918*, dessin de Félix Brard, musée Carnavalet ©Musée Carnavalet/Roger-Viollet, Paris. **- P. 32-33** Classe de l'abbé Sudour (Antoine à g.), école Bossuet, 1919 ©S.St.-Ex. — Portrait d'Antoine vers 1919 ©S. Cons. StEx. — La mobilisation en 1914,in *l'Illustration*, 1914/cl. J. Pecnard — Portrait de Yvonne de Lestrange, cousine d'Antoine, coll. de Lestrange ©D. R. — Antoine et sa sœur, Marie-Madeleine au violon, Saint-Maurice, été 1917 ©S. Cons. StEx. **-P. 34-35** Antoine et sa mère à la chasse ©S. Cons. St. Ex.

信天翁 L'albatros

P. 36-37 L'élève officier Saint-Exupéry, automne 1922 ©S.St.-Ex. **- P. 38-39** Carte postale de l'aérodrome d'Ambérieu adressée par Antoine à Thénoz, mécanicien, vers 1915 © Musée Air France — Avion Wrobleski ©M.A.E. **- P. 40-41** Antoine et ses compagnons de caserne, 1921 ©S. Cons. StEx. — Fiche matricule d'Antoine ©D.R. — Calot d'Antoine ©S. Cons. StEx. — Lettre d'Antoine à sa mère ©Arch. Nat. 153 AP-1/©S.St.-Ex. **- P. 42-43** Avion Sopwith en vol sur un «Paris-Genève», 1919 © Musée Air France — Spad militaire en vol ©DR — Série de quatre dessins d'Antoine de Casablanca en 1921 : Henri Guiraud et Camille Leroy, mécaniciens ; un homme moustachu de profil, et *ma chambrée n° 6* © Ed. Gall./©S.St.-Ex. — Antoine étudie une mitraillette, 1922 ©S. Cons. StEx. — Profil d'Antoine en tenue militaire, 1921-1922 ©S. Cons. StEx. **-P. 44-45** Carnet de vol d'Antoine ©S. Cons. StEx./cl. J. Pecnard — Antoine, 1921 ©S. Cons. StEx. — Avions Spotwith et Caudron C59 ©D.R. **- P. 46-47** Tampon de la première liaison des lignes Latécoère Casablanca-Toulouse le 12 mars 1919 © Roger-Viollet, Paris — Lettre à sa mère depuis Casablanca © Arch. Nat. 153 AP-1/©S.St.-Ex. — Panorama de Casablanca, au fond, le port. ©Roger-Viollet — Marchandes de couscous, Maroc, 1928. ©Jacques Boyer/Roger-Viollet — Casablanca. Au premier plan, le cinéma Vox ; au fond, la cathédrale ©ND/Roger-Viollet **-P.48-49** *Autoportrait en aviateur*, dessin d'Antoine dans une lettre à sa mère ©Arch. Nat. 153 AP-1/©S.St.-Ex. — Bergers et troupeaux sur une route, occupation française au Maroc (1907-1914) ©Albert Harlingue/Roger-Viollet **- P.50-51** Phonographe vers 1930, coll. J. Pecnard ©J. Pecnard — Caravane dans le désert aux environs d'Essaouira (Maroc) ©Roger-Viollet — Portrait d'Antoine en fond, vers 1922 ©S. Cons. StEx. **- P. 52-53** Lettre à sa mère depuis Avord, le 6 avril 1919 ©Arch. Nat. 153 AP1/©S.St.-Ex. — Photo des élèves officiers du Bourget, 1921 ©S. Cons. StEx. — Antoine en tenue militaire ©S. Cons. StEx. — Guerre 1914-1918, chasseur français « Bébé », Nieuport ©A. Harlingue/Roger-Viollet **-P. 54-55** Portrait d'Antoine, vers 1920, anc. coll. H. de Segogne ©S.St.-Ex.

流亡的代價 Le prix de l'exil

P. 56-57 Portrait d'Antoine écrivant, vers 1930 ©S.St.-Ex. **-P. 58-59** La cafétéria du Lido. Paris, vers 1928 ©A. Harlingue/Roger-Viollet — Dîner mondain, déc. 1912 ©Maurice Branger/Roger-Viollet — Kiki de Montparnasse, artiste et muse, au café du Dôme à Paris, 1929 ©Ullstein Bild/Roger-Viollet — Un café de Montparnasse; au centre, le modèle Aïcha la Noire, Paris vers 1930 ©A. Harlingue/Roger-Viollet **- P. 60-61** Deux filles dansent le 14 juillet, années 1920 ©Agence Delius/Leemage, Paris **- P. 62-63** Auzon (Haute-Loire) 1912 ©Ernest Roger/Roger-Viollet — Camion Saurer ©Saurer — Croquis humoristiques d'Antoine, lettre à Jean Escot, 1925, publié dans Icare/©S.St.-Ex./©D.R. **- P. 64-65** La gare de Montluçon vers 1900 © L.L./Roger-Viollet — Quatre lettres d'Antoine à Henri de Segogne et à Jean Escot avec des dessins; à gche : *Antoine montant l'escalier qui le mène chez son ami Isaac* ; en haut : Lettre depuis Vierzon datée du « *lendemain d'hier* » 1925, *un représentant et son client*, publiée dans Icare n° 69 /©D.R. ; en bas : Lettre *Le symbole de la vie en Province*, vers 1925, anc. coll. J. Escot ; à dte : *dessins de Bourges*, 1925, anc. coll. J. Escot, pour les quatre lettres ©S.St.-Ex. **- P. 66-67** Jeune femme choisissant un billet de la Loterie nationale vers 1935. ©A. Harlingue/Roger-Viollet — Bal musette La Java, 105, rue du Faubourg-du-Temple, Paris ©A. Harlingue/Roger-Viollet — Saint-Germain-des-Fossés, carrefour de la route de Vichy vers 1920 ©L.L./ Roger-Viollet — Terrasse de café à Paris vers 1925 ©M. Branger/Roger-Viollet **-P. 68-69** Affiche pour les transatlantiques de la Cunard Line reliant Liverpool, New York et Boston, 1908, musée des Arts décoratifs, Paris ©cl. Josse/Leemage — Panorama sur les gratte-ciel de Manhattan, New York vers 1930 ©Laure Albin-Guillot/Roger-Viollet **- P. 70-71** Antoine écrivant à New York ©S.St.-Ex. — Broadway vu depuis Cedar Street (vers le sud), N.-Y. vers 1910 ©Roger-Viollet — Prospectus américain pour la promotion de *Flight to Arras* ©S. Cons. StEx. — Édition américaine originale de *Flight to Arras*, Reynal et Hitchcock ©S. Cons. StEx. **- P. 72-73** Jeu d'échecs ©S. Cons. StEx./cl. J. Pecnard — Antoine au cours d'une partie d'échecs ©S. Cons. StEx. **- P. 74-75** Bevin House à Long Island où les Saint-Exupéry passent l'été 1942, coll. part. ©D.R. — Allocution radiophonique à la NBC, nov. 1942, coll. part. ©S.St.-Ex. — Harlem Cotton Club, salle de concert de jazz, New York ©Lebrecht/Leemage — Consuelo devant Bevin House, 1942 ©S. Cons. StEx. — Vue de New York, Central Park, carte postale des années vingt ©S. Cons. StEx. — Deux photos sur la terrasse de Bernard Lamotte à New York, coll. part ©S.St.-Ex. — Exemplaire original du *Petit Prince*, 1945, Ed. Gall. ©S. Cons. StEx. **-P. 76-77** Saint-Exupéry avec Eugen et Elizabeth Reynal, New York 1942, publié dans Icare n° 84 ©S.St.-Ex. — North Broadway Saint str. au nord du Bronx, New York, XXe siècle, photo colorisée ©Lebrecht/Leemage — Édition originale *Wind, sand and stars* ©S. Cons. StEx. — Article du *New York Herald Tribune*, 1942 ©SSt.-Ex.

用身體書寫 Ecrire avec son corps

P. 78-79 Antoine en uniforme à sa table de travail, 1940 ©S.St.-Ex. **- P. 80-81** Lettre à sa mère depuis Avord ©Arch Nat, cart.153-AP.1. — Antoine dans sa chambre, photo J. Phillips © F. J. Phillips — Antoine à sa table de travail ©S. Cons. StEx. — Stylo-plume de l'écrivain ©S. Cons. StEx./J. Pecnard **- P. 82-83** Carnet d'écriture d'Antoine pour *Terre des Hommes* ©S.St.-Ex. — Antoine écrivant dans un jardin ©S. Cons. StEx. — Crayons de papier et trousse en cuir d'Antoine ©S. Cons. StEx./J. Pecnard — *Jacques Bernis sur le terrain d'aviation d'Alicante et un mécanicien en arrière-plan*, dessin sur le ms. autographe de *Courrier Sud*, fondation Martin Bodmer, Genève ©S. St-Ex. — Lettre recto d'Antoine avec un dessin de bâteau ©Arch Nat, cart.153AP **- P. 84-85** Le fort de Cap Juby vu d'avion, 1919 ©Musée Air France — Manuscrit préparatoire de *Courrier Sud* et esquisse d'avion, 1928, Ed. Gall. /©S. St-Ex.— Avion de l'Aéropostale dans le désert près de Cisneros, 27 juin 1919 ©Musée Air France — *Femme en manteau marchand dans une rue de Paris*, dessin de 1928, fondation Martin Bodmer, Genève ©S. St-Ex. — Photo d'un avion de 1929 dédicacée de Weiss, juin 1929 ©S. Cons. StEx. **- P. 86-87** *Vol de Nuit*, ms. autographe, ms. NaF 26279-106 B.N.F/©S. St-Ex. — Tapuscrit intermédiaire de *Vol de Nuit* ©S. Cons. StEx — Lettre de Jean Paulhan à propos du Goncourt, 1931 ©S. Cons. StEx — Légion d'honneur d'Antoine ©S. Cons. StEx. — État intermédiaire de *Vol de Nuit*, B.N.F/©S. St-Ex. — Télégramme de félicitations de Hirch pour le prix Fémina ©S. Cons. StEx. — Coupure de presse évoquant le lauréat du prix Fémina ©S. Cons. StEx. — Notes pour *Vol de Nuit*, source Ph. Fuzeau/©S. Cons. StEx. ©DR — P.-L. Fargue, Consuelo et Antoine interviewé par deux journalistes à la Brasserie Lipp, 1931 ©S. St-Ex. **- P. 88-89** Ill. de Bernard Lamotte, peintre, pour *Pilote de Guerre*, spécimen libraire de l'édition américaine ©S. Cons. StEx. — Portrait officiel d'Antoine, 1939 ©S. Cons. StEx. — Affiche de la NRF pour *Vol de Nuit*, 1931 ©S. Cons. St-Ex. **- P. 90-91** En fond, Farman au décollage à Santa Cruz ©S. Cons. StEx. — Manuscrit préparatoire de *Terre des Hommes*, folio 15 ©S.St.-Ex. — Jumelles et gilet de sauvetage d'Antoine ©S. Cons. StEx./J. Pecnard — Édition américaine *Wind, Sand and Stars*, Ed. Hitchcok, 1939 ©S. Cons. StEx. — Épreuve corrigée de *Terre des hommes* avec envoi autographe d'Antoine à H. de Segogne, 1938, © Arch. Nat./©S.St.-Ex. **- P. 92-93** Page dactylographiée de *Pilote de Guerre* ©D.R. — Bronze récompense du National Book Award, 1939 ©S. Cons. StEx. — Antoine écrivant, Toulon 1942 ©S.St.-Ex. — Trois dessins, fusain et encre de chine, par B. Lamotte, extraits du Spécimen de *Flight to Arras*, Ed. Reynal et Hitchcock, 1942 ©S. Cons. StEx. — Couverture du spécimen libraire des Éditions américaines de *Flight to Arras*, 1942 ©S. Cons. StEx. **- P. 94-95** Lettre avec dessin d'Antoine à Léon Werth, coll. C. Werth ©Arch. Nat. — Portrait de Léon Werth ©DR — Affiche de propagande française pour le port de l'étoile jaune par les juifs, ill. de Michel Jacquot, publiée en 1942 par le régime de Vichy ©Rue des Archives/The Granger Collection, Paris — Détail d'une photo d'Antoine jouant aux jeu des lettres, photo J. Phillips ©F. J. Phillips — Rafle de juifs à la gare d'Austerlitz à Paris en 1941, avant leur internement à Pithiviers et Beaune-la-Rolande ©B.H.V.P./Keystone-France — *Lettre à un Otage*, version originale de Brentano's, 1944 ©S. Cons. StEx. **- P. 96-97** Quatre dessins du *Petit Prince*, Ed. Gall, Paris/©S. St.-Ex — Boîte de couleurs d'Antoine ©S. Cons. StEx. — Couverture de l'édition française de 1945 et de la première édition américaine de 1943 ©S. Cons. StEx. **- P. 98-99** Remparts près de Bab Dankala, Maroc, janvier 1963 ©Roger-Viollet, Paris, photo colorisée. — Deux manuscrits autographes de *Citadelle*, B.N.F., ms NaF 18264-16 et 5/©S. St.-Ex — Photo d'Antoine dédicacée à Bernard Lamotte, coll. part., publiée dans Icare N° 75 ©D.R. — Illustration de *Citadelle* par André Derain, Ed. Gall., 1950 ©S. Cons. StEx./©ADAGP, 2009 **- P. 100-101** *L'Intransigeant*, 19 août 1936, publié dans Icare N° 75 ©D.R. — Antoine à son arrivée à la gare Saint-Lazare, 1939 ©S. Cons. StEx. — Antoine dans le parc de Retiro à Madrid en 1936 ©S. Cons. StEx. — Deux portraits d'Antoine en costume, années 1931 et 1936 ©S. Cons. StEx. — Article d'Antoine pour la série *Aventures et Escales*, Paris, 1936-37 — Article par Saint-Exupéry *Madrid, La guerre sur le front de Carabancel* — Article d'Antoine *Trois équipages dans la nuit*, pour l'ensemble des articles publiés dans *Icare* N° 75 ©D.R. — Détail d'une photo d'Antoine en Argentine ©S. Cons. StEx. — Antoine sur le *Normandie* au départ du Havre, 1938 ©S. St.-Ex

內在旅行 Voyager en soi-même

P. 102-103 Détail d'une photo dédicacée d'Antoine en janvier 1938 ©S. St.-Ex **- P. 104-105** Bréguet 14 sur les premières lignes aéropostales entre Toulouse et Dakar, 1928 ©Patrimoine Air France, Roissy — Carte postale recto-verso envoyée à St.-Exupéry sur l'Aéropostale vers Buenos Aires ©S. Cons. StEx. **- P. 106-107** Détail de l'affiche de Jacques Jaquelin célébrant l'Aéropostale de 1925 ©Musée Air France **- P. 108-109** Antoine devant le fort de Cap Juby vers 1928 ©S. Cons. StEx. — Cendrier africain d'Antoine ©S. Cons. StEx./J. Pecnard — Deux photos aériennes du fort de Cap Juby vers 1926 ©Musée Air France **- P. 110-111** Antoine à Cap Juby avec les Maures en 1928 ©S. Cons. StEx. **- P. 112-113** Antoine avec le Colonel Pena et des Maures, 1926 ©S. Cons. StEx. **- P. 114-115** Midinette sur la plage de Buenos Aires, années 1930 ©D.R. — Potez 25 de l'Aeroposta au-dessus de la Cordillière des Andes, 1929 ©Roger-Viollet, Paris — Rue Bartolomé Mitré, quartier des banques, en 1910 à Buenos Aires ©Roger-Viollet, Paris — Certificats de bonnes mœurs, notes de frais et papiers pour rejoindre le poste de directeur de l'Aeroposta en Argentine, 1929 ©S. Cons. StEx. **- P. 116-117** Antoine en pilote entouré de l'équipe de l'Aeroposta, Argentine 1937 ©S. Cons. StEx. — Permis de conduire argentin ©S. Cons. StEx./J. Pecnard — Papier à en-tête de l'Aeroposta ©S. Cons. StEx. — Antoine en aviateur vers 1937 ©S. St.-Ex — Fiche de paye de l'Aeroposta, 1939 ©S. Cons. StEx. **- P. 118-119** Le Potez 25 après l'accident de Guillaumet à la Laguna Diamante le 25 juin 1930 ©Roger-Viollet, Paris — Publicité pour l'Aéropostale en 1927 ©Musée Air France — Antoine retrouvant Guillaumet à Tumuyan après 5 jours de marche dans la Cordillière ©S.St.-Ex. — Portrait de Guillaumet en costume ©S. Cons. StEx. — Sigle de l'Aéropostale ©Musée Air France **- P. 120-121** Le Simoun d'Antoine après son accident en Libye ©S.St.-Ex. — Antoine et Jean Prévost, son mécanicien, la veille du Raid Paris-Saigon, 1935 ©Agence Keystone, Paris — Antoine aux commandes de son Simoun, 1935 ©S.St.-Ex. **- P. 122-123** Antoine au restaurant en 1936 ©S.St.-Ex. — Antoine embrasse Consuelo avant de décoller pour le Guatemala ©S. Cons. StEx. — Consuelo ©S. Cons. StEx. — Antoine vérifiant l'état de son Simoun ©S. Cons. StEx. — Antoine devant l'épave du Simoun écrasé à la frontière libyenne ©S. Cons. StEx. P. 124 ©S. Cons. StEx.

以玫瑰之名 Au nom de la rose

P. 126-127 Dédicace de Consuelo à Antoine apposée sur son portrait vers 1920 ©S. Cons. StEx. **- P. 128-129** *Ma petite Maman*, dessin à l'encre collé sur une lettre autographe, Casablanca 1921, Arch. Nat. cart. 153 AP ©S.St.-Ex. — Marie de St. Exupéry lisant ©S.St.-Ex. — Marie dans le parc de St. Maurice vers 1910 ©S.St.-Ex. **- P. 130-131** Appareil photo et étui d'Antoine ©S. Cons. StEx./J. Pecnard — Carte postale de Reconvilliers ©D.R. — Trois photos de Louise de Vilmorin vers 1920, publiées par Grasset et Fasquelle, 1993 ©D.R. — Antoine à 17 ans, photo en pied ©S. Cons. StEx. **- P. 132-133** Lettre manuscrite d'Antoine à Louise de Vilmorin ©DR — Louise de Vilmorin vers 1920, publié chez Grasset et Fasquelle, 1993 ©D.R. - **P. 134-135** Certificat de célébration civile, mairie de Nice, 1931 ©S. Cons. StEx. — Antoine et Consuelo Suncin en habit de veuvage, mariage religieux à Agay, 1931 ©S. Cons. StEx. — Certificat de confession d'Antoine et Consuelo, 22 avril 1931 ©S. Cons. StEx. — Livret de famille délivré le 22 avril 1931 à Nice ©S. Cons. StEx. - **P. 136-137** Faire-part de mariage, 23 avril 1931 ©S. Cons. StEx. — Seau à champagne et bouquet de mariage, coll. J Pecnard ©cl. J. Pecnard — Menu de mariage, dessin accompagné d'esquisses d'Antoine ©S. Cons. StEx. — Antoine et Consuelo entourés des enfants d'honneur à l'église d'Agay ©S. Cons. StEx. - **P. 138-139** *Sauf mentions ©S. Cons. StEx. pour l'ensemble des photographies* : Pose de Consuelo dans son lit vers 1934 — Allongée dans son appartement New Yorkais — portrait à Montréal, 1947 — Avec Antoine, villa du Mirador à Nice — Consuelo et Antoine enlacés, dans le sud de la France — Bain de soleil à Bevin House, 1942 — Attablés à une terrasse de café avec *Le Petit Dauphinois*, Grenoble, 1935 ©Rue des Archives, Paris — Pochette à main et chapeau de Consuelo, cl. J. Pecnard — Consuelo à la Feuilleraie — Télégramme d'Antoine à Consuelo, Alger, 31 décembre 1943 — Portrait de Consuelo à New York — Consuelo et Antoine en pique-nique vers 1931 — Consuelo à la villa Mirador — Assise devant des fleurs à l'hôtel Negresco, Nice vers 1930 — Pose pour un portrait, année 1930 — Consuelo à Oppede, 1940 - **P. 140-141** *Prière pour chaque soir*, ms autographe d'Antoine à Consuelo, janvier 1944 ©S. Cons. StEx. — Portrait de Consuelo vers 1945 ©S. Cons. StEx. - **P. 142-143** *Sauf mentions, ©S. Cons. StEx. pour l'ensemble des photographies*: Chapeaux, vêtements et malle de Consuelo, cl. J. Pecnard — Antoine embrasse Consuelo avant de décoller pour le Guatemala — Départ en train à St. Lazare, direction Le Havre, janvier 1938 — Le couple en hiver aux USA vers 1942 — Télégramme de Consuelo à Antoine, 1944 — Bain d'Antoine et fête à bord d'un paquebot de ligne — Le couple dans la neige — Arrivée à Marseille après l'accident de Syrie, janvier 1936, coll. part, publié dans *Icare* N°2 ©D.R. — Consuelo à bord du paquebot *Massilia*, direction l'Argentine entourée de R. Vines et B. Crémieux — Photos de famille du portefeuille d'Antoine, cl. J. Pecnard. - **P. 144-145** Quatre portraits de Consuelo photographiée par Man Ray, pour la série *Mode au Congo* © ADAGP, 2009 - **P. 146-147** Six dessins d'Antoine, publiés aux Ed. Gall. 2006/©S. St.-Ex : *Nu de femme élancée*, année 1930, coll. part. — *La Bergère*, dessin pour le menu d'un repas intitulé *Les obsèques d'un cochon*, Alger, 1943, coll. part. — *Buste d'un personnage androgyne*, anc. coll. N. de Vogüé — *Buste de femme aux cheveux courts*, anc. coll. de Vogüé — *Femme de 3/4 en robe moulante*, coll. part — *Buste de femme nue au collier de perles*, anc. coll. de Vogüé. - **P. 148-149** Lettre illustrée d'Antoine à Silvia Hamilton, Alger 1944, Ed. Gall. 2006/©S.St.-Ex. — Deux photos de Nathalie Paley ©D.R. — Deux dessins d'Antoine : *Buste de femme de profil*, ms autographe vers 1930, coll. part., *Nu de femme*, ms. autographe SL, 1920, coll. Gnell, Ed. Gall., 2006/©S.St.-Ex. — Portrait d'Annabella Power, coll. part., publié dans Icare N° 5 ©D.R.

採取行動 Les actes qui engagent

P. 150-151 Antoine aux commandes du P. 38, 1944, photo J. Phillips ©S. Cons. StEx./©F. J. Phillips. - **P. 152-153** A la table de commandement du 2/33, base d'Athis-sous-Laon, déc. 1939 ©S. Cons. StEx. — Valise, jumelles et tenue d'Antoine ©S. Cons. StEx./J. Pecnard — Affichette du groupe aérien 2/33 ©S. Cons. StEx. — Le capitaine Saint-Exupéry sur la base de Toulouse-Francazal, sept. 1939 ©S.St.-Ex. — Attestation d'identité, groupe 2/33, sept. 1939 ©S.St.-Ex. - **P. 154-155** Ill. de B. Lamotte pour la traduction originale américaine de *Pilote de guerre* ©S. Cons. StEx. - **P. 156-157** Farman F-AROA ©M.A.E. — Vue d'Alger depuis la casbah ©N.-D./Roger-Viollet — Antoine en tenue de pilote en Corse à Calvi ©S. Cons. StEx. - **P. 158-159** Dessin d'Antoine sur ms autographe ©S.St.-Ex. — Antoine à sa table en 1938 ©S. Cons. StEx. — Article américain sur St. Exupéry, écrivain… ©S.St.-Ex. — Jean Renoir et Antoine en 1941 ©S.St.-Ex. — *Pour l'ensemble des documents suivants* ©S. Cons. StEx. : Consuelo à N.Y. en 1943 — Adresses et références d'Antoine pour les USA — Dernière photo du couple avant la Tunisie, 1943 — Antoine à Beckman Place, 1943 — Capitaine Alias et Antoine à Alger — Portrait d'Antoine à Montréal, mai 42 — cartes à jouer d'Antoine durant son séjour à N.-Y., cl. J. Pecnard - **P. 160-161** Antoine dans son cockpit avant son envol, 1944, photo J. Phillips ©S. Cons. StEx./© F. J. Phillips — Lettre de Consuelo du 22 fev. 1944 ©S. Cons. StEx. - **P. 162-163** Deux photos d'Antoine en tenue militaire à Alghéro en Sardaigne, anc. coll Jourdan ©S. St.-Ex — Lettre désespérée de Consuelo à Antoine, 27 mai 1944 ©S. Cons. StEx. — Photo d'Antoine monté sur l'aile d'un P. 38, photo J. Phillips, Corse 1944 ©S. Cons. St.Ex/ ©F. J. Phillips. - **P. 164-165** Le Lithning d'Antoine décolle de Borgo, près de Bastia, photo J. Phillips ©S. Cons. StEx./©F. J. Phillips.

從天空墜落 Tombé du ciel

P. 166-167 Antoine s'équipant pour une mission à Brogo en 1944 ©S.St.-Ex. - **P. 168-169** Deux photos de François sur son lit de mort en 1917 ©S. Cons. StEx. - **P. 170-171** Deux photos de Marie-Madeleine de Saint-Exupéry ©S.St.-Ex. — Marie-Madeleine et Simone vers 1908 ©S.St.-Ex. — Dessin du *Petit Prince*, Ed. Gall, Paris/©S.St.-Ex. - **P. 172-173** Détail de l'affiche de l'Aéropostale pour les lignes Europe-Afrique-Amérique du sud, 1933 ©Musée Air France — Jean Mermoz et son mécanicien ©Rue des Archives/Tal., Paris — Dessin de Mermoz par Antoine ©D.R. — Tapuscrit de *Terre des hommes* ©Cahiers de St-Exupéry, tome 3 — Photo de Jean Mermoz, 1930 ©Rue des Archives— Hydravion 521 de la compagnie Latécoère à Dakar en 1942 ©LAPI/Roger-Viollet - **P. 174-175** Antoine, Noëlle et Henri Guillaumet en 1930 au Luna Park de Buenos Aires ©S.St.-Ex. — H. Guillaumet et Antoine dans un Laté 521 en mai 1931©S. Cons. StEx. — Antoine entouré de J. Genouillac et H. Guillaumet en 1939 à Biscarosse ©S. Cons. StEx. — Avion Bloch 174 GR2-52 3e escadre, ex Farman 19 ©M. A. E. — Portrait d'Henri Guillaumet ©S. Cons. StEx. - **P. 176-177** Lettre à Pierre Dalloz, le 30 juillet 1944 Arch Nat. cart. 153 AP-1-641 ©S.St.-Ex. — *Personnage sur un parterre regardant au loin*, dessin autographe d'Antoine ©S.St.-Ex. — *Il tomba doucement comme tombe un arbre*, dessin extrait du *Petit Prince*, Ed. Gall. Paris/©S.St.-Ex. — Ms autographe de *Citadelle*, B.N.F. ms NaF, 18264-5/©S.St.-Ex. — Antoine avec ses neveux, 1937 ©S.St.-Ex.

偷渡星星的人 Passeur d'étoiles

P. 178-179 Illustration pour *Le Petit Prince*, Ed. Gall. ©S.St.-Ex. - **P. 180-181** Série des 12 personnages évoquant le Petit Prince, coll. Ph. Zoummeroff, Ed. Gall.©S. St. -Ex. — *Avion* sur ms autographe, coll. Ph. Zoummeroff, Ed. Gall./©S.St.-Ex. — *Personnage en smoking*, ms autographe, anc. coll. de Vogüé, Ed. Gall./©S. St.-Ex. — Esquisses du Petit Prince sur l'agenda d'Antoine, 1943, coll. part. Ed.

Gall/©S.St.-Ex. — Couverture dédicacée du *Petit prince* dans le désert, ms. américain, Ed. Reynal et Hitchcock, coll. part, Ed. Gall/©S.St.-Ex. — Antoine à la terrasse, Grenoble, 1935, photo Paccaud ©D.R. — Livre et pipe d'Antoine ©S. Cons. StEx./cl. J. Pecnard **- P. 182-183** Illustration pour *Le Petit Prince,* Ed. Gall. ©S.St.-Ex. — Série de manuscrits des brevets établis par Antoine ©S.St.-Ex. — Crayons et taille-crayons d'Antoine ©S. Cons. StEx./J. Pecnard **- P. 184-185** *Une* du journal *Marianne*, coll J.-P. Guéno, 1933 — Joseph Staline, premier secrétaire du Parti communiste de l'Union soviétique en 1922, ©Rue des Archives/Tal — *Le Petit Roi,* illus. pour *Le Petit Prince,* Ed. Gall. ©S.St.-Ex. — Hitler dans la brasserie Hofbräuhaus à Munich, 24 février 1920, avec les SA et des sympathisants © Daily Herald Archive at the National Media Museum/SSPL. **- P. 186-187** Antoine, élève à la villa Saint-Jean à Fribourg, reproduit dans *Icare* N°1 ©D.R. — Triomphe du Front populaire lors des élections à Madrid, seconde République espagnole, février 1936 ©Aisa/Roger-Viollet **- P. 188-189** Lettre adressée à Antoine, *quelque part entre l'Amérique du Sud et la France,* 1929 ©S. Cons. StEx. — *Personnage et papillon sur un parterre fleuri,* ms. autographe de *Citadelle,* B.N.F., ms. NaF 18 264 ©S.St.-Ex. **- P. 190-191** Les chutes d'Iguacu photographiées par Antoine, vers 1942 ©S. Cons. StEx. **- P. 192-193** Dessin pour *Le Petit Prince,* Ed. Gall. ©S.St.-Ex. — *Le chasseur de papillons,* personnage non retenu dans l'édition définitive, N.Y. 1942, coll. Piermont Morgan Library

出發，經歷，然後改變！ Va, vis et deviens!

P. 194-195 Consuelo et Antoine, hiver 1942 à N. Y. ©S. Cons. StEx. **Page de garde 1** : Antoine étudiant son plan de vol (mai 1944), photo J. Phillips ©S. Cons. StEx./©F. J. Phillips. **Page de garde 2** Antoine aux commandes du P. 38, 1944, photo J. Phillips ©S. Cons. StEx./©F. J. Phillips.

作者

尚皮耶・圭諾Jean-Pierre Guéno

為法國多家出版社撰有「話語系列」，包括：《勇士的話：第一次世界大戰法國士兵書信集》、《星兒絮語：二次世界大戰時藏匿的猶太孩子》、《諾曼第登陸散記》、《坐牢者之言》、《女人的話語》、《盜火種的人：法國文學中的靈光》、《陰影下的話：法國淪陷時期的人民》，亦撰有多本圖文書，本本皆突顯出法語中至美文字與手稿的價值。尚皮耶・圭諾有「遺跡與記憶的重建者」之美譽，暢遊在許多名著與名家的祕密花園裡，挖掘埋藏其間的寶藏，建構出令讀者流連的世界。

譯者

賈翊君

文化大學法文系畢，曾從事影視節目工作，後赴法學習電影。目前為自由翻譯，偶爾接觸劇場工作。

作　　者　尚皮耶・圭諾 Jean-Pierre Guéno
譯　　者　賈翊君

責任編輯　陳瀅如
美術設計　黃暐鵬
副總編輯　陳瀅如
編輯總監　劉麗真
總 經 理　陳逸瑛
發 行 人　凃玉雲
出　　版　麥田出版
10483台北市民生東路二段141號5樓
電話：(02) 2500-7696 傳真：(02) 2500-1967
部落格：http://ryefield.pixnet.net
書迷頁：http://www.facebook.com/RyeField.Cite
發　　行　英屬蓋曼群島商家庭傳媒股份有限公司城邦分公司
10483台北市民生東路二段141號11樓
網址：http://www.cite.com.tw
客服專線：(02)2500-7718；2500-7719
24小時傳真專線：(02)2500-1990；2500-1991
服務時間：週一至週五09:30-12:00；13:30-17:00
劃撥帳號：19863813　戶名：書虫股份有限公司
讀者服務信箱：service@readingclub.com.tw
香港發行所　城邦（香港）出版集團有限公司
香港灣仔駱克道193號東超商業中心1樓
電話：(852) 25086231 傳真：(852) 25789337 E-mail：hkcite@biznetvigator.com
馬新發行所　城邦（馬新）出版集團【Cite(M) Sdn. Bhd.(458372U)】
11, Jalan 30D/146, Desa Tasik, Sungai Besi, 57000. Kuala Lumpur, Malaysia.
電話：(603) 90563833 傳真：(603) 90562833

印　　刷　前進彩藝有限公司
初　　版　2011年7月

定　　價　NT$950（精裝禮盒版）NT$499（平裝版）
I S B N　978-986-120-889-3（平裝）
I S B N　978-986-120-890-9（精裝）
Printed in Taiwan.
本書若有缺頁、破損、裝訂錯誤，請寄回更換。

小王子的記憶寶盒

01 讀趣味

La mémoire du Petit Prince

Antoine de Saint-Exupéry
Le journal d'une vie

國家圖書館出版品預行編目資料

小王子的記憶寶盒／尚皮耶．圭諾（Jean-Pierre Guéno）
著；賈翊君譯. －初版. －臺北市：麥田出版：家庭傳
媒城邦分公司發行，2011.07
　面；　公分. －（讀趣味；1）
譯自：La mémoire du petit prince :
Antoine de Saint-Exupéry, le journal d'une vie
ISBN 978-986-120-889-3（平裝）. －
ISBN 978-986-120-890-9（精裝）
876.57　　100011236